國立中央圖書館出版品預行編目資料

戰爭詩 / 羅門著. -- 初版. -- 臺北市 : 文史哲, 民84
面 ; 公分. -- (羅門創作大系 ; 1)
ISBN 957-547-941-6(平裝)

851.486　　84002945

羅門創作大系 ①

戰爭詩

著者：羅門
出版者：文史哲出版社
登記證字號：行政院新聞局局版臺業字五三三七號
發行人：彭正雄
發行所：文史哲出版社
印刷者：文史哲出版社
台北市羅斯福路一段七十二巷四號
郵撥〇五一二八八一二彭正雄帳戶
電話：三五一一〇二八
實價新台幣二二〇元
中華民國八十四年四月十四日初版

ISBN 957-547-941-6

羅門創作大系〈卷一〉

戰爭詩

羅門◎著

文史哲出版社印行

誠以這系列中的十本書，做為禮物，獻給同我生活四十年、在創作中共同努力、給我幫助最大的妻子——女詩人蓉子。

每當我讀她的「一朵青蓮」與「維納麗沙組曲」等詩，那是我同其他詩人都無法只靠技巧與文字所能寫的詩——那是在人類高次元的情思世界中、以特有的內在生命機能與心靈纖維，所編織的具體可知、可感、可見的「雅典」「純摯」與「高潔」的情境，蘊含有宗教性的虔誠，在開放的內心感應磁場中，我的感動確實是超越常情與私情的；純粹是站在「詩」與「人」溶合的「天地線」上，所引起的；也不必在此故意隱瞞，因而，我這十本書，便不只是獻給我親愛的妻子——王蓉芷，也是獻給我敬愛的女詩人——蓉子。同時更是獻給所有愛護與關心我的讀者大眾，給我更多的批評與鼓勵，

羅　門

策畫者的話

◎林燿德

規畫這套書的目的，在於呈現羅門四十年來詩與藝術創造世界的完整藍圖。

從一九五四年在紀弦主編的《現代詩》上發表〈加力布露斯〉開始，羅門殫精竭力於建築自己龐碩的精神世界，發展獨樹一幟的「第三自然觀」，不僅以結構嚴謹、氣勢磅礡的詩作享譽於海內外，也在文學的哲學、藝術的批評乃至室內造型設計方面有長久的經營。

在四十年的光陰中，有些出版品早已絕版多時，為了集中展示羅門的精神原貌，提供現代詩研究者及愛好者參考品賞，《羅門創作大系》這種系列式的整編自有其必要。

卷一至卷六等六冊是按主題區分的詩集；卷七集中了關於〈麥堅利堡〉這首名作的迴響；卷八是記錄羅門思想的論文集；卷九是藝術評論集；卷十以匯集了燈屋的造型空間設計以及羅門與蓉子多年來的藝文生活影像。

一九九五年是羅門、蓉子結縭四十周年紀念，這套大系的編印在此時推出，也因而別具意義。

一九九五年三月十四日於臺北

羅門創作大系〈卷一〉

戰爭詩 目次

附錄部份有關評論

總序：「我的詩觀與創作歷程」

壹、我的詩觀

一、詩在人類世界中的永恆價值

關於「詩」，這一被認爲是人類生命與心靈活動最靈敏、深微、極緻與登峰造極的思想力量；也是人類智慧的精華；甚至被認爲是藝術家、文學家、哲學家、科學家、政治家、宗教家乃至「神」與「上帝」的眼睛，那是因爲「詩」具有無限與高視力的靈見，能看到世界上最美、最精彩乃至永恆的東西。故曾有不少著名人物讚言過「詩」：

·孫星衍的《孔子集語集解》說：「詩，天地之心，君德之祖，百福之宗，萬物之戶也。」

（太平御覽八百四引詩緯含神霧）。

·亞利斯多德說：「詩較歷史更有哲學性，更爲嚴肅……」「詩有助於人性的倫理化」

（顏元叔教授譯的「西洋文學批評史」二二頁與三六頁）。

·法國詩人阿拉貢說：「詩，不是天國的標誌；詩就是天國。」（我個人早年的讀書筆記）

·杜斯妥也夫斯基說：「世界將由美來拯救」（張肇祺教授著的「美學與藝術哲學論」

集三一頁）。此處提到的「美」字，使我想到詩將生命與一切推上美的巔峰世界這一看法時，那不就是等於說「世界將由詩來拯救」。

·美前故總統肯迪也認爲詩使人類的靈魂淨化。

事實上，詩在昇華與超越的精神作業中，一直是與人類的良知、良能、人道、高度的智慧以及眞理與永恆的感覺連在一起的，故「有助於人性的倫理化」以及在無形與有形中，「將拯救這個世界」與人類；並使這個世界與人類，活在更美好的內容與品質之中。

誠然在這個世界上，若沒有詩，則一切的存在，都只是構成現實世界中的種種材料，譬如自然界中的山只是山，水只是水，都只是構成「自然界」種種材料性的物體；人的世界中，從事各種行業的人，都只是構成「現實生活世界」有不同表現與成就的各種個體，尙不能獲得其內在眞正完美與超越的生命。這也就是說，若沒有詩，一切存在便缺乏美好的境界；陶淵明筆下的「採菊東籬下」，便像普通人採菊東籬下一樣，只是止於現實中一個有限的存在現象，不會聯想到「悠然見南山」的那種超物與忘我的精神境界，而擁抱到那與整個大自然共源的生命，超越時空而存在；王維也不會在觀看「江流天地外」，正在出神時，進入「山色有無中」的那種入而與之俱化的境界，而擁抱無限。

可見詩是賦給人存在的一種最卓越的工具，幫助我們進入一切之內，去把握存在的完美性與無限性。因此，詩也是使一切進入其存在的「天國」之路，如果這個世界確有眞正的「天國」。我深信，當存在主義思想在二十世紀對生命的存在，有了新的覺醒與體認，對上帝的存在提出質疑，人類若仍堅持信上帝、神與天堂是人類生存所企望與嚮往的世界；是宇宙萬物生命的永恆與完美的象徵，尚可將一切導入永恆與完美的位置——「天堂」，則詩人超越的心靈工作的過程與完成，便正是使一切轉化與昇華到這一類同的世界裡來，還有誰較詩人更具有那種高超特殊的智慧與才能，能確實去執行那眞正存在於人類內心中的華美的「天堂」之工作呢？事實上，一個偉大的詩人，在人類的內心世界中，已被認明是一個造物主，它不但創造了「生命」，而且擴展與美化了生命存在與活動的無限境界，並創造了內心另一個華麗壯闊的精神「天堂」。同上帝的「天堂」相望。

的確，詩人在人類看不見的內心世界中創造了多項偉大不凡的工程：

1. **創造了「內心的活動之路」**

詩人在創作的世界中，由「觀察」至「體認」至「感受」至「轉化」至「昇華」的這條心路，不但可獲得作品的生命，而且也可使萬物的存在獲得內在無限美好與豐富的生命。

譬如當詩人看到一隻棄置於河邊的鞋時，經由深入的「觀察」、「體認」與「感受」這條心路，而聯想到那是一隻船，一片落葉，便自然使鞋的存在立即「轉化」且「昇華」爲對內在生命活動的觀照與無限的感知——顯示出存在的流落感與失落感，進而揭發時空與生命之間被割離的悲劇性，而引起內心的驚視與追思，於是那隻沒有生命的「鞋」，便因而變成爲一個具有生命的存在了；又如，當詩人看到一隻廢棄在荒野上的馬車輪，由於他的靈視能超越一般人只能看到的材料世界（只是一隻破車輪），進而透過詩中的「觀察」、「體認」、

「感受」、「轉化」與「昇華」，這一「內心的活動之路」，便深一層看到那隻馬車輪，竟是轉動萬物的輪子，也是一條無限地展現在茫茫時空中的路——從它輪子上殘留下來的泥土看，可看到它通過無限空間所留下的痕跡與聲音，從它輪子上生銹的部份看，可看到與聽到它通過無限時間所留下的痕跡與聲音；當它此刻停放在無邊的荒野上，被詩人望成一種路，這種「路」，便絕非是現實世界中看到的具形與有長度的「路」，而是向內「轉化」與「昇華」爲萬物生命在時空裡無終止地逃奔與流浪的那種看不見起點與終點、也難指出方向的「路」——展示於靈視世界中的「路」，這種「路」，是吞納所有的鞋印輪印以及一切動向與涵蓋千蹤萬徑的「路」，引人類朝著茫茫的時空，走入了深深的「鄉愁」，因而觸及那含有悲劇性與震撼性的存在的思境，獲得那「轉化」與「昇華」過後的更爲深入與富足的存在境界。又如詩人T.S.艾略特面對黃昏的情景，聯想成「黃昏是一個注進痳醉劑躺在病床上的病人」，那便是將「黃昏」這一近乎抽象的時間視覺形態，置入深入「觀察」、「體認」與「感受」中，「轉化」與「昇華」爲具有神態與表情的生命體而存在了，使我們可想見到整個大自然的生命，在此刻已面臨沉落與昏迷之境，而產生無限的感懷；又譬如詩人在面對死亡，寫出了「你是一隻跌碎的錶，被時間永遠解雇了」，詩中「跌碎的錶」，它將去記錄那一種形態的時間呢？詩中的「被時間解雇了」的生命，它將到那裡去再找工作呢？它將是何種形態的生命？沿著內心的追問，我們便的確可聯想到那消失於茫茫時空中仍發出強大迴聲的悲劇性的生命了，因而覺知到「死亡」竟也是一個感人的強大的生命體，這與詩人里爾克筆下

『死亡是生命的成熟』，是一樣耐人尋味了。

又譬如當現代詩人寫下「群山隱入蒼茫」，或寫下「凝望較煙雲遠」，其詩句中的「蒼茫」與「凝望」，原屬爲沒有生命的抽象觀念名詞，但這個名詞，在詩中經過詩人藝術心靈的轉化作用，便不但獲得其可以用心來看的生命形體，而且也獲得其超物的更可觀的存在了。

從以上所列舉的詩，可見萬物一進入詩人創造的「內心活動之路」——由「觀察」至「體認」至「感受」至「轉化」至「昇華」，則那一切便無論是否有生命（乃至是觀念名詞）都一概可獲得完美豐富甚至永恆存在的生命。因而也可見詩人的確是人類內在生命世界的另一個造物主。

2. 詩人創造了「存在的第三自然」

首先，我們知道所謂「第一自然」，便是指接近田園山水型的生存環境；當科學家發明了電力與蒸氣機等高科技的物質文明，開拓了都市型的生活環境，自然界太陽自窗外落下，電氣的太陽便自窗內昇起，再加上「人爲」的日漸複雜的現實社會，使我們便清楚地體認到另一存在的層面與樣相——它便是異於「第一自然」，而屬於人爲的「第二自然」的存在世界了。

很明顯的，第一自然與第二自然的存在世界，雖是人類生存不能逃離的兩大「現實性」的主要空間，但對於一個探索與開拓人類內在豐富完美生命境界的詩人與藝術家來說，它卻又只是一切生命存在的起點。所以當詩人王維寫出「江流天地外，山色有無中」、艾略特寫出「荒原」，我們便清楚地看到人類活動於第一與第二自然存在世界中，得不到滿足的心靈，是如何地追隨著詩與藝術的力量，躍進內心那無限地展現的「第三自然」而擁抱更爲龐大與豐富完美的生命。詩人王維在創作時是使內心與「第一自然」於和諧中，一同超越與昇華進入物我兩忘的化境，使有限的自我生命匯入大自然龐大的生命結構中，獲得無限；詩人艾略特在創作時，是與第一或第二自然於衝突的悲劇感中，使「生命」超越那存在的痛苦的阻力，而獲得那受阻過後的無限舒展，內心終於產生一種近乎宗教性的執著與狂熱的嚮往——這種卓越的表現，它不就是上帝對萬物存在於完美中，最終的企盼與祈求嗎？的確，當詩人的心靈活動，一進入以美爲主體的「第三自然」，便可能是與「上帝」華美的天國爲鄰了；同時我深信，只有當人類的心靈確實進入這個以「美」爲主體的「第三自然」，方可能擁抱生命存在的深遠遼闊與無限超越的境界；方可能步入內在世界最後的階程，徹底了解到「自由」、「眞理」、「完美」、「永恆」與「大同」的眞義，並認明「人」與「自然」與「神」與「上帝」終歸是存在於同一個完美且永恆的生命結構之中，而慧悟湯恩比心目中的「進入宇宙之中、之後、之外的永久的眞實的存在」之境，便也正是無限高超的輝煌的詩境。

當我們確認詩人創造了「存在的第三自然」，事實上也就是說，沒有「第三自然」，詩人便也沒有工作之地了，因爲「第三自然」是確實品管著詩人語言媒體中的「名詞」、「動詞」與「形容詞」是否能達成詩的要求，進入詩的世界。

譬如「窗」、「落葉」、「天地線」等停留在說明中的名詞，經聯想轉化使「窗」成爲是「飛在風景中的鳥」；「落葉」成爲是「風的椅子」；「天地線」成爲是「宇宙最後的一根弦」，方能出現詩。而此刻取代「窗」「落葉」「天地線」而更生的「鳥」、「椅子」、與「弦」，便只能在「第三自然」中出現，被詩眼看見，在「第一自然」與人爲的「第二自然」是不會出現的。同樣的，柳宗元將本應是獨釣寒江魚的「魚」這一名詞，在詩中轉化爲「雪」，寫成「獨釣寒江雪」，則這句詩便非寫給魚老板看，而是給哲學家看，因爲他釣的是整個大自然孤寂荒寒的感覺。當然「雪」這個名詞，既不是「第一自然」山上的雪，也非「第二自然」冰箱裡的雪，便又只能在「第三自然」中出現，被詩眼看見，收留在詩中。

又譬如在視覺世界中我們用「看」這個動詞。當飛機飛在雲上的三萬呎高空，宇宙間神秘無比廣闊無限的景觀與畫面，若只平面用「看」是「看」不出來的，即使進一步用「讀」這一使眼睛有思想與立體視感的動詞，取代「看」，也「讀」不出來，只有以「跪下來看」，方能充份表現出內心對浩瀚宇宙所流露的那種無限虔敬與膜拜的感動之情，讓「跪下來看」的「看」這一動詞，進入N度空間便「動」出那有表情與神態的無限感人的「動」境。而當「看」改成「跪下來看」，也只能在「第三自然」方會出現，被詩眼當做詩的「動詞」收留下來。同樣的，在聽覺世界中，詩人張說寫「高枕聽江聲」用「聽」這個動詞，被大詩人杜甫換上一個也含有聽覺的「遠」字這一動詞寫成「高枕遠江聲」，便造成何等不同的聽覺世界，張說寫的仍停留在散文平面說明的聽感世界——就是睡在枕頭上聽江水流動的聲音；而杜甫以「遠」字取代「聽」「聽」的世界不但隱藏著江水流動的遠近距離感而且尙有景物移動變化的情景以及人陷入往事不堪回頭與茫茫時空中的悵惘之感；如此，聽覺的世界，豈不呈現出立體乃至N度更豐富與開闊的空間。當然這個「遠」字取代「聽」字的聽覺也正是存在於「第三自然」之中，被詩眼看見收留下來的。

再下來如「形容詞」，古詩人寫「白鳥悠悠下」，用「悠悠」這個形容詞，眞是把美的白鳥，不但在飛中送進最幽美且鳴動著音韻的軌道，而且整個過程也美，白鳥也因「悠悠」的形容詞便更美得不可思議了，而這也都是在「第三自然」中被詩眼掃描進來的。如果寫「白鳥飄飄下」，用「飄飄」這一形容的動態，則不但飛的形態散漫不美，並將本來美的白鳥，反而變醜了。當然被詩眼監視的「第三自然」，是不會讓「飄飄下」這樣平庸不美的「形容詞」裝設在白鳥翅膀飛進來的。

的確「第三自然」已被視爲是無所不在的「詩眼」，一方面幫助人類在無限超越的內在世界中，進入美與永恆的探索；一方面監視與品管著詩人手中使用的名詞、動詞與形容詞三個重要的創作媒體與符號。同時「第三自然」所建構的無限廣闊與深遠的心象世界，更是所有詩人乃至所有藝術家永久的故鄉與「上班」的地方。

3. 詩人創造了一門生命與心靈的大學問

譬如科學家面對「海」的存在，是在研究海存在的物理性——海的水質、鹽份、海的深廣度、海的產物、海的四季變化等。而詩人則多是坐在海邊觀海，把海看到自己的生命裡來，把自己的生命，看到海裡去；看到海天間的水平線，便發覺那是「宇宙最後的一根弦」；看到海上一朵雲在飄，便聯想「雲帶著海散步」，悠哉遊哉，畫面便也跟著顯映出王維與老莊來；凝望著海圓寂的額頭，便會聯想到哲人愛因斯坦與羅素等人的額頭；將藍藍的海，看成宇宙的獨目，又倒轉來看人類的眼睛，最多望了百餘年，都要閉上，而海的眼睛，卻望了千萬年仍在望——望著人類的鄉愁、時空的鄉愁、宇宙的鄉愁、上帝的鄉愁；更神妙的，是浮在海上的那條天地線，幾千年來，一直不停的牽著日月進進出出，從未停過；而海也一直握著浪刀，一路雕過來，把山越雕越高，一路雕過去，把水平線越雕越細，此時，難怪王維要把「山色有無中」的境界在詩中說了出來。由此可見詩的確是探索與創造那埋在事物與生命深處的一門奧秘的「美」的學問。

從詩人在上面所提供的多項重大創造中，我們可看出詩的確是使人類與宇宙萬物的存在，獲得一種無限的延伸，一種有機的超越，一種屬於「前進中的永恆」的存在；同時也說明詩人終歸是在「上帝」的眼睛中爲完美與豐富的一切工作的，尤其是當諾貝爾文學獎得主海明威喊出了這是迷失的一代；現代史學家湯恩比認爲人類已面臨精神文明的冬季，則詩人的存在，便更是人類荒蕪與陰暗的內在世界的一位重要的救主了；並絕對地形成人類精神文明的一股最佳且永遠的昇力，將人從物化的世界中救出來，尤其是在廿世紀後現代掀起解構與多元化的理念，導致泛方向感與泛價值觀所形成失控與散落的生存亂象，也更有賴詩在超越與昇華中的開放的視野與統化力，穿越各種變化的時空環境資訊與符號，於「無形中」提供一開放的新的一元性，來協和「心」「物」進入一個新的美的中心，再度在詩所創造的人類內心的「第三自然」世界②呈現人本與人文精神新的形而上性，使世紀末「存在與變化」的飄忽不定的生存現象面的內層，仍潛伏著一種穩定的有方向感的「前進中的永恆」的思想動力，維護人類繼續對生存有信望有意義有理想目標與有內心境界的優質化生命觀。

在廿世紀，我們雖難阻止科技的威勢繼續不斷的向未來不可知的物理世界開展，並具威脅性地佔領人類的人文與心理空間，但機器仍是由人主控的。人不能失去內心空間，屈服於科學的「帝國主義」；沒有詩與藝術，科學會變得粗卑與野蠻。人文思想如果被科技文明擊敗，則人在玩電腦，便也反過來被電腦玩。那時候，人追索的是「機器的兔子」，而非人的生命；人被迫逃離人內在生命的原鄉，這一波鄉愁較都市日光燈望著由田園菜油燈所產生的鄉愁更為激烈，是故，人不能不醒覺的讓溫潤的詩心與人文思想進駐入機器冷漠的心裡去；也就是在科技創造外在的「玻璃大廈」的同時，更以詩與藝術的心靈，建造起內在世界更為豪華與輝煌的「水晶大廈」，這樣，既可避免人類成為追索物質文明的動物與野獸，又可使人類活在有外在花園也有內在花園的理想世界中。

寫到這我想採取較捷便與快速的途徑，在最後重點地摘錄部份我過去寫的「詩話」，來凸現出「詩」在過去、現在與未來，在人類生命存在以及思想與智慧活動的世界中，永遠具有卓越無比的價值。

·作官與做生意的，往往只能使我們在陶淵明的「東籬下」，採到更多的「菊花」，但看不見「東籬外」更無限的「南山」；而詩能夠。

·詩能將人類從「機械文明」與「極權專制」兩個鐵籠中解救出來，重新回歸大自然原本的生命結構，重新溫習「風」與鳥的自由。

·詩能將人類與一切，提昇到「美」的顛峰世界。①

·詩能以最快的速度與最短的距離，進入生命存在的眞位與核心，而接近完美與永恆。

·詩創造的美的心靈，如果死亡，太陽與皇冠也只好拿來紮花圈了；在我看來，詩已成爲一切完美事物的鏡子，並成爲那絕對與高超的力量，幫助我們回到純粹生命的領地。

·詩與藝術能幫助人類將「科學」與「現實世界」所證實的非全面性的眞理，於超越的精神作業中，臻至生命存在的全面性的「眞理」。

·詩在超越與昇華的美中，可使時間變成美的時間，使空間變成美的空間，使生命變成美的生命，使各種學問思想（包括科學、哲學、政治、文學與藝術）在最後都變成美的學問思想。

·如果說在人類的生存空間內，優良的政治是硬體設備，則詩與藝術便是美好的軟體設備，更值得珍視。

·古今中外，所有偉大的文學家與藝術家，他們雖不一定都寫詩，但他們不能沒有卓見的「詩眼」，否則在創作中便不可能看到精彩的東西，也不可能卓越與偉大，其實，他們都是不寫詩的詩人。

·詩是人類精神世界的原子能、核能與微粒子。

·詩在無限超越的Z度空間裡追蹤「美」，可拿到「上帝」的通行證與信用卡。

·詩是打開智慧世界金庫的一把金鑰匙，「上帝」住的地方也用得上。

·詩與藝術創造人類內心的美感空間，是建造天堂最好的地段。

·如果神與上帝眞的有一天請長假或退休了，那麼在人類可感知的心靈之天堂裡，除了詩人與藝術家，誰適宜來看管這塊美麗可愛的地方呢？

·如果世界上確有上帝的存在，則你要到祂那裡去，除了順胸前劃十字架的路上走；最好是從悲多芬的聽道，米開蘭基羅的視道，以及杜甫、李白與里爾克的心道走去，這樣上帝會更高興，因爲你一路替祂帶來實在好聽好看的風景。

·詩與藝術不但是人類內在生命最華美的人行道，就是神與上帝禮拜天來看我們，祂也是從讚美詩與聖樂裡走來的。

·將詩與藝術從人類的生命裡放逐出去，那便等於將花朵殺害，然後來尋找春天的定義。

·太空船可把我們的產房、臥房、廚房、賬房與焚屍爐搬到月球去，而人類內在最華美的世界，仍須要詩與藝術來搬運。

·世界上最美的人群社會與國家，最後仍是由詩與藝術而非由機器造的。

·沒有詩與藝術，人類的內在世界，雖不致於痖盲，也會丟掉最美的看見與聽見。

·如果詩死了，美的焦點，時空的核心，生命的座標到那裡去找？

·「詩」是神之目，「上帝」的筆名。

從上述的這些「詩話」中，我相信不但可看見「詩」在人類生存世界中所凸現的可觀價值，甚至可呼吸到詩在我們人類生命中無比的重要性，離開詩，便事實上等於是離開了那具有豐富、美好內容的「人」與世界。同時也可看出我執著地寫了四十年的詩，仍要堅持下去，是有充份的理由的——寫詩這件具有宗教性的嚴肅的心靈作業，對我已不只是存在於第一層面的「興趣」問題，也不只是玩弄文字遊戲；而是對存在深層價值與意義的追認，令使我以生命來全面的投入與專注的問題。誠然，詩已成為我企圖透過封閉的肉體存在，向內打開且建立起那無限透明的生命建築。人的生命，在我看來已是一首活的詩：人從搖籃到墳墓的整個過程，是詩的過程；人整個存在與活動的空間，是詩的活動空間；人整個活動的形態，也是詩的活動形態。的確詩能確切地透視與監控著一切在「美」中存在。

二、詩的創作世界

(一)詩創作世界的基本認定

我認為詩不同於其他文學類型的創作，是在於：

1. 詩的語言必須是詩的，具有象徵的暗示性；具有言外之意，弦外之音。

2. 詩絕非是第一層次現實的複寫，而是將之透過聯想力，導入潛在的經驗世界，予以觀照、交感與轉化為內心中第二層次的現實，使其獲得更為富足的內涵，而存在於更為龐大且永恆的生命結構與形態之中；使外在有限的表象世界，變為內在無限的心象世界。這也正是符合我內心的「第三自然螺旋型架構」的精神運作的基型——也就是將現實的「第一自然（田園）」與「第二自然（都市）」的兩大生存空間，經由心的交感轉化昇華，變爲內涵更富足與無限的「第三自然」的景觀，詩方可能獲得理想與無限的活動空間。同時詩是藝術創作，必須具備下文所論談的高度的藝術性。

㈡詩多向性（NDB）①的創作視點

我主張多向性（NDB）的詩觀是因爲詩人與藝術家是在「自由遼闊的天空」而不是在「鳥籠」內工作的。因爲他拿有「上帝」的通行證與信用卡。故不宜標上任何「主義」兩字的標籤。同時任何階段的現實生存環境，以及創作上出現過的任何「主義」乃至古、今、中、外等時空範疇，乃至「現代」之後的「後現代」的「後現代」……等不斷呈現的「新」的「現代」，對於一個具有涵蓋力的詩人，都只是不斷納入詩人超越的自由創作心靈溶化爐中的各種全面開放的「景象」與「材料」，有待詩人以機動與自由開放的「心靈」，來將之創造與呈現出新的藝術生命。所以詩的創作不能預設框限，不能不採取開放的多向性視點。

1. 表現技巧的多向性：

⑴可用由外在實像直接呈現法（以景觀境）。

⑵可用自外在實像作形而上的表現法（以景引發心境）。

⑶可將內心眞實的感知，透過經驗中的實象，予以超越性的表現（透過抽象過程，再現新的眞象世界）。

(4)可自由運用「比」、「象徵」、「超現實」以及新寫實、白描、投射、極簡等技法，乃至電影、繪畫、雕塑等其他藝術技巧，以加強詩的表現效果。

2.內涵世界表現的多向性：

(1)可表現事物在時空中活動的種種美感狀態（其中有人介入；也可無人介入，只是純粹的物態美）。

(2)可表現人在時空中活動的種種美感情境，這方面應偏重。因爲它是對「人」的追蹤。這項追蹤，可在現實的場景，也可在超越現實的內心場景；可採取「大知閑閑」與「小知閒閒」的追法；可追入記憶中的故土；可追入戰爭中的苦難；可追入都市文明；可追入腰帶以上、腰帶以下；可追回大自然……甚至可把眼睛閉上，讓內心漂泊在沒有地址的時空之流上，緊追著那個從現實中超越而潛向生命深處的「原本」的人……。的確，凡是能引起我們內心感知的生命都去追，不必只限定在某一個方位上去追；可把內心擴大到目視與靈視看見有人與生命的地方都去追；甚至那躲在米羅、克利線條與悲多芬音樂中的看不見的「生命」，也不放過去追。這樣才能徹底與全面性地達到詩與藝術永遠的企意：詩人與藝術家應切實的到上帝遼闊的眼睛中，去展開多方面追蹤「人」與生命的工作。基於這一多向性的觀點，我曾經：

一、透過戰爭的苦難——在「麥堅利堡」、「板門店38度線」、「火車牌手錶的幻影」、「茶意」、「TRON的斷腿」、「時空奏鳴曲」、「歲月的琴聲」……「月思」、「

長城上的移動鏡」、「回到原來叫一聲你」、「遙望故鄉」、「炮彈·子彈·主阿門」與「世界性的政治遊戲」……等詩中，追蹤人的生命。

二、透過都市文明與性——在「都市之死」、「都市的落幕式」、「都市的旋律」、「迷妳裙」、「咖啡廳」、「瘦美人」、「都市你要到那裡去」、「方形的存在」、「摩卡的世界」、「車禍」、「提007的年輕人」、「傘」、「玻璃大廈的異化」、「眼睛的收容所」……等詩中追蹤人的生命。

三、透過對死亡與時空的默想——在「死亡之塔」、「第九日的底流」、「流浪人」、「鞋」、「睡著的白髮老者」、「車上」、「看時間一個人在跑」、「誰能買下那條天地線」、「回首」、「出走」等詩中，追蹤人的生命。

四、透過對自我存在的默想——在「窗」、「逃」、「螺旋型之戀」、「天空三境」、「傘」、「存在空間系列」、「有一條永遠的路」、「光住的地方」……等詩中，追蹤人的生命。

五、透過大自然的觀照——在「山」、「河」、「海」、「雲」、「樹與鳥」、「野馬」、「觀海」、「曠野」、「溪頭遊」、「海邊遊」、「晨起」、「飛在雲上三萬呎高空」、「一個美麗的形而上」、「大峽谷奏鳴曲」與「過三峽」……等詩中，追蹤人的生命。

六、此外透過其他的生存情境——在「光穿黑色的睡衣」、「美的V型」、「鑽石的冬日」、「悼佛洛斯特」、「都市的五角亭」、「重見夏威夷」、「餐廳」、「教堂」、「女性快鏡拍攝系列」、「手術刀下的連體嬰」、「海誓山盟」、「漂水花」、「完美是一種豪華的寂寞」、「悲劇的三原色」、「文化空間系列」、「詩的歲月」、「給藝術大師——米羅」以及「給青鳥」等詩中，追蹤著「人」的生命。

的確，從我第一首詩「加力布露斯」開始，三十年來，我是一直在現實或超越現實的內心世界中，透過詩以目視與靈視探望與追蹤著「人」的生命。並且一再強調的說：「凡是離開人的一切，它若不是死亡，便是尚未誕生」。而詩與藝術是創造「生命」的一門學問，凡是遠離「生命」的詩，只依靠知識化與腦思維機件所製作的任何藝術與詩的場景，都難免產生隔層、冷感與不夠眞摯；因爲呈裸在陽光下的綠野，同經設計拍攝出現在電燈光下的銀幕上的畫面式綠野是不同的。這也就是說，在詩的創作中，直接以「生命」進入與以腦製作成知識化的「生命」進入，是不同的。而我特別重視前者，因爲詩人必須將他的生命，送進時鐘的磨坊，去收聽生命眞實的回音，去永遠同人與生命對話，來從事詩的創作。否則，詩與藝術將失去最後的最主要的存在意義；甚至形成有沒有詩都無所謂的念頭。很多詩人都是因此停筆的。

㈢詩語言新性能的探索

1.由於人類不斷生存在發展的過程中，感官與心感的活動，不能不順著這一秒的「現代感」，往下一秒的「現代感」移動，而有新的變化。這便自然地調度詩語言的「感應性能」到其適當的工作位置，呈現新態。否則，便難免產生陳舊感與疏離感。這可證之於年代越靠近三十年代的詩的語言，其疏離感之比例數便越大。

2.詩人能切實把握詩語言新的性能與現代感，即是抓住詩語言「入場券」、靠近「現代人生存場景」的最前排優先的位置，較具有「貼近感」。在此舉個例子：

·「用咖啡匙調出生命的深度」

·「要知道下午　去問咖啡」

·「咖啡把你沖入最寂寞的下午」

顯然的，第一句是相當深刻，但其語言的形態與活動的空間，放在現代越來越偏向「行動化」的急速度生活環境中，似乎是不夠新與不太適切了，那像是六十年代詩語言的貨色；第二句是抓住現代人生存於焦急的行動性以及「問」與「答」的實態，迫近生活自然呈現的實況，語言的呼吸、氣息與節奏，也化入現代人生命活動的脈動與意態之中；第三句，則更直接地向現代生活的「核點」投射，尤其是動詞就採用沖咖啡的「沖」字，既可使語言的動感與動速同現代人生命與機械文明活動的外在環境之動感與動速相一致，又可同古詩「黃河之水天上來」緣發與直感性的詩貌相應對：一是表現古詩人對大自然的直觀情況；一是創造這代人新的生存意境。從上述的三句詩中，可看出詩的語言是一直在追索它的現代感、它新的機能，以便有效地表現一切存在（包括大自然與都市）的新貌；否則停滯在陳舊的狀態中，失去較佳的吸力，是可見的。

(四)詩語言活動空間的擴展與建構

當現代詩人從古詩人偏向一元性自然觀的直悟境界，進入現代偏向二元性與多元性的生存世界；從寧靜、和諧、單純的田園性生活形態，進入動亂緊張、複雜、焦急的都市型生存狀況，接受西方現代科技文明的衝激，以及物質繁榮的生活景觀之襲擊，所引發人類官能、情緒、心態與精神意識的活動，都是以大幅度、大容量與多向性在進行，古詩的形態與「境界模式」，是否能擔任得了現代人龐雜的生存場景與心像活動的新型「舞台」呢？所以我覺得可考慮採取其他藝術的性能來擴展與構架現代詩語言活動的新空間環境——譬如我十四年前便已採用後現代解構觀念在「曠野」詩中，曾企圖使用立體派多層面的組合觀點以及採取半抽象、抽象與超現實的技巧，與「電影中有電影」（就在詩中溶入一首可獨立又可息息相關的詩）多元表現的手法，使詩境內部在施以藝術性的設造過程中，獲得較具大規模與立體感的結構形態，有如大都市建築，所呈現層疊聳立的造型美與展示出多層面的景觀。這樣做，當然是一種偏向於藝術性的構想——試圖把詩的「體態」，進一步當做藝術的「體態」來營造。看來顯已有目前出現的後現代創作的解構形態，再就是在一九九二年寫的二百多行長詩「大峽谷奏鳴曲」更是一首採取多元組合的立體空間架構觀念，企圖跨時空跨國界跨文化與藝術流派框限，以世界觀與後現代解構觀念所寫成的詩。

的確，一個現代詩人能不斷注意與探索詩語言新的性能與其活動新的空間環境，他便是不斷的持有創造性的意念，這一意念，將使所有停留在舊語態中工作的「比」、「象徵」與「超現實」等技巧，必須有所改變與呈示新的工作能力。譬如你在海灘上看到男女穿著泳衣在陽光與海浪中相擁抱，寫出「只有這種抱摟，才能進入火的三圍」。這句詩，在表面上看，是用「比」，其實是溶入了「象徵」與「超現實」的質素而表現的，使詩語言更具行動化且快速地擊中現代人心感世界的著火點。相形之下，五十年代六十年代所用的語言技巧，在此刻看來，都難免吸力與動速不太夠了。因此我認爲做爲一個現代詩人，應有銳敏的「現代感」去發覺詩語言所面臨的新環境及在創作上所發生的一切可能性，以便運用最確切的語言媒體與方法，展現出具有新創性的世界來。同時我認爲詩人與藝術家面對傳統所採取的態度，絕對的決定了他創作的生命：凡是躲在「傳統」裡不出來的或逃避現代生活現場的詩人，他絕領不到具前衛性的「創作卡」。現代詩人接受傳統是基於本質而非形態的。他最關心的是專一的站在此刻的「我」的位置，去面對整個世界與人類的生命，發出一己具「獨特性」與「驚異性」的聲音，而與永恆的世界有所呼應。他在詩中，不放「長安」與「長衫馬掛」等字眼，照樣可把古詩傳統的質素吸收進去。譬如當我們讀了「江流天地外，山色有無中」、「黃河之水天上來」，與讀了現代詩「你隨天空闊過去，帶遙遠入寧靜」、「咖啡把你沖入最寂寞的下午」，是否發覺它們之間也有某些相同的質素？甚至進一步看出現代詩人站在自己生存的新時空中，穿越「傳統」與「現代」，進入此刻全主動性的「我」的發言「位置」——也就是進入新創性的語言環境，使現代詩不但呈現出異於古詩人的心境，而且也呈現出詩語言同存在與變化的時空相互動所產生的新的形態與秩序感。誠然，一個具有創造力的現代詩人與藝術家應該是有魄力與勇於將「古、今、中、外」溶解入自己這一瞬間的絕對的「我」

之中，去重新主宰著一切的存在與活動，以新的形態出現，並使之同永恆的感覺發生關聯。完美與卓越的事物，最後總是開放給全人類共享的，也絕限制不了它的範圍。因此詩人與藝術家的創作理念，不能不持世界觀。

三、要成為一個真正乃至偉大的詩人

1.他除了有不凡的才華與智慧，以及對藝術盡責外，也應該是一個具有是非感、良知、良能與人道精神的人；如果做爲一個詩人，沒有正義感、鄉愿、顛倒是非。做人都有問題，還做什麼偉大的詩人。

2.他最了解自由，對世界懷有全然開放的心境，擁有遼闊的視野，守望著一切進入理想的世界，他除了關心人的苦難；更廣泛的工作，是在解決人類精神與內心的貧窮，賦給生命與一切事物，以豐富與完美的內容。

3.他不同於賣藝者與雜耍者，是因爲他向詩投資的，是藝術與生命雙方面的。也就是他必須寫出有偉大思想的詩，也同時寫出有詩的藝術思想的詩。前者是詩中具有確實感人的偉大思想；後者是詩中具有確實傑出非凡的藝術表現理念與思考力。若只有前者，將對藝術本身的生命有傷害；若只有後者，將便使詩變成一種高級耍巧的行爲，失去「生命」內涵力的淵博感與偉大感，詩便難免浮面化，甚至淪爲文字的賣藝者，同其他行業的賣藝者，沒有兩樣，而忘掉詩人是往心靈與生命深層世界去工作的藝術家。

4.他必須具有對詩始終執著與嚮往的宗教情懷，不能被勢利的現實擊敗，若被擊敗，詩心已死，詩人都做不成，還談什麼偉大的詩人。

【附　註】

①我所說的「美」，不只是快樂與好看悅目的一切。在詩與藝術的創作中，就是痛苦、寂寞、虛無、絕望、死亡、與悲劇的人生，也潛藏有美感。像詩人波特來爾表現「地獄」陰暗的悽「美」之光，詩人里爾克說「死亡是生命的成熟」，都含有「美」的存在。可見深一層的美，往往是靠深入的心去沉思默想的。

②關於此處提到「第三自然」與「後現代」「世紀末」的相關互動話題，可參照我系列論文集中較詳的論談部份。

③（NDB-NONE DIRECTION BEACON）是我在美國航空中心研習期間，看見的一種導航儀器，叫做「多向歸航台（NDB）」，飛機可在看得見、看不見的狀況下，從各種方向，準確地飛向機場。這情形，頗似詩人與藝術家以廣體的心靈與各種媒體以及高度的技術，將世界從各種方向，導入存在的眞位與核心，這便無形中形成我創作上「多向性」的詩觀。

貳、創作歷程

如果說寫詩，我在中學時代（空軍幼年學校六年制，等於高中），十六歲時，已開始在學校的壁報與校刊上發表過詩作。但那只是由於愛好貝多芬與莫札特充滿了力與美的古典音樂以及也讀一些古詩與翻譯過來的詩，加上我當時又做飛行員的夢……這些都無形中激發我內心對生命產生熱愛與美的顫動力，而自然潛伏著對詩與藝術的喜愛與嚮往。但我並沒有想會做什麼詩人，因為我的未來是飛行。

至於我開始步上詩創作的路，那是在我進入空軍飛行官校，代表空軍打足球傷腿，離開空軍到民航局工作，於民國四十三年認識早已聞名詩壇的女詩人蓉子，在她詩情與愛情的雙重激勵下，才開始認眞的寫起詩來的。

我的第一首詩「加力布露斯」，於民國四十三年被紀弦先生以紅字發表於「現代詩」季刊封底，確引起詩壇的注目，曾有些詩友戲言：「羅門你第一炮就紅了」。後來連續在覃子豪先生主編的「藍星」詩刊上發表不少長短詩，接著在民國四十四年四月十四日星期四下午四時，與女詩人蓉子在禮拜堂結婚，覃子豪先生特在公論報副刊的「藍星詩週刊」上，以整版刊登他本人以及名詩人鍾鼎文、彭邦楨、李莎、謝菁等人的賀詩，並在婚禮上由詩人紀弦、彭邦楨與上官予等分別朗誦，紀弦先生並特別朗誦我的「加力布露斯」，確為婚禮帶來不少詩的光彩。覃子豪先生更在婚禮專刊上，讚譽我們爲中國詩壇的勃朗寧夫婦，成爲佳話。直到現在。

這些慰藉與鼓勵在當時，加上蓉子婚後的溫情與彼此的互勉，我便在詩神的安排下，以無比的狂熱與浪漫的激情，不停的創作，並成爲藍星詩社的仝人，以及後來主編藍星詩刊、年刊，與自民國六十五年（一九七六）起，擔任藍星詩社社長，直至目前。

回憶四十三年（一九五四）我以第一首詩「加力布露斯」，步上詩壇。當時在詩中對生命、友情、愛情與理想的追求，寫著『加力布露斯！你的聲音就在風中嗎？你的視線是否在陽光裡……如果你回來時，我已雙目閉上，那時心會永遠死去，黑夜會在白晝裡延長，海洋也會久久的沈默，你知道歲月之翼，不能長久帶引我，在生命的冷冬，我會跌倒於無助之中……』以及在「啊！過去」詩中，對時間的感懷：『……你！過去，我心底往日的遊地……。在不同的追路上，昨日是你，明天是我，唯有時間的重量，才能把我推倒後，帶交給你，而那時，我是陷在長久無夢的沈睡之中，心是一無所感了……』；在「寂寞之光」詩中所流露的戀情：『……在無光的冬夜，我這裡通明溫馨，刻刻等你，我已熟悉你來時踏響我心的樓梯之音，如造訪的馬車的蹄聲，擊亮我深居的幽靜的庭園……』；在「海鎮之戀」詩中所表現的童時的憶念：『那海鎮，如南方巨人藍色寬邊帽上的一顆明亮的寶石，我童時的指尖，曾捕捉它的光輝……』……等這許多三十多年前想像力頗爲任放與感性頗具沖激性的語言，都可說是道道地地的偏於浪漫詩的抒情傾向；在當時，雖也偶爾寫出一些相當單純與清晰的意象詩，如「小提琴的四根弦」詩中，對人生歷程的刻劃所寫的：『童時，你的眼睛像蔚藍的天空；長大後，你的眼睛像一座花園；到了中年，你的眼睛像海洋多風浪；晚年來時，你的眼睛成了寂寞的家。』……。然而在整體上看來，那時期我詩的語言，很明顯的，是處在浪漫詩的階程。或許「加」詩中的「你的聲音就在風中嗎？你的視線是否在陽光裡」已多少含有超現實的意味與感覺。直至四十七年（一九五八），「曙光」詩集出版的那一年內，連獲藍星詩獎與中國詩聯會獎等兩項獎後，才算是結束了我浪漫時期的作品。

四十九年（一九六〇），完成了長達一百多行的「第九日的底流」，詩中對生命與時空所激發出的回音：『……常常驚異於走廊的拐角，如燈的風貌向夜，你鎮定我的視度……當綠色自樹頂跌碎，春天是一輛失速的滑車……當晚霞的流光，流不回午前的東方，我的眼睛便昏暗在最後的橫木上，聽車音走近，車音去遠……』。這些語言，顯已把「曙光」時期浪漫情思外射的紅色火焰，向內收斂，而冷凝與轉化成爲穩定與較深沉的藍色火焰。從此也開始走進抽象與象徵乃至含有超現實感覺等表現的路途上來了，當然，在另一方面，由於個人情思世界，隨著歲月而深廣，語言所經營的精神深廣度，便也不能不加強。尤其是當現代詩與現代繪畫，都正熱中於透過抽象過程，去深一層觸及內心的眞實。所以緊接著這首長詩之後，我五十年（一九六一）到菲律賓去訪問，寫了一首「麥堅利堡」，表現第二次世界大戰死在太平洋中的七萬美軍的悲慘情景，因思想性的加強，語言的功能與活動的趨勢，便也加強。於是一種偏向於現代藝術表現主義的技巧，便自然的潛進「麥」詩中來。如詩中的『戰爭！坐在這裡哭誰，它的笑聲，曾使七萬個靈魂陷落在比睡眠還深的地帶：……太陽已冷，星月已冷，太平洋的浪，被炮火煮開也冷了……，血已把偉大的紀念沖洗了出來……，你們是不來也不去了……太平洋陰森的海底，是沒有門的……』。這首詩後來被國際UPLI詩組織譽為近代的偉大之作，頒獲菲總統金牌，確對我創作帶來一些激勵作用，使我也大膽地將詩推入更深廣的精神層面。

此後，在「都市之死」一百多行的長詩中，對現代都市文明進行透視所做的批判：『人們用紙幣選購歲月的容貌……，在這裡腳步是不載運靈魂的……凡是眼睛都成為藍空裡的鷹目……，人們在重疊的底片上，再也認不出自己……，沉船日，只有床與餐具是唯一飄在海上的浮木……，一具雕花的棺，裝滿了走動的死亡……』與在「死亡之塔」將近三百行的長詩中，對生命與死亡所發出的感慨：『你是一隻跌碎的錶，被時間永遠解雇了……，用右腳救起左腳，總有一隻腳，最後成為碑，成為曠野的標記……，當封在彈疤裡的久遠戰場，被斷臂人的尼龍衣裹住，我們即使是子彈，也認不出傷口……，當棺木鐵槌與長釘，擠入一個淒然的音響，天國朝下，一條斷繩在絕崖上……，鋸木聲叫著鳥，火焰叫著煙流，煙流叫醒域外，在域外，連歸雲都睡著了……』以及一些脫離了浪漫抒情時期的短詩：

如「彈片．TRON的斷腿」詩中表現戰爭冷酷的一些詩句『一張飛來的明信片，叫十二歲的TRON沿著石級走，而神父步紅氈，子彈跑直線……，當鞦韆昇起時，一邊繩子斷了，整座藍天便斜入太陽的背面……』

·如「車禍」詩中表現都市文明冷漠面，寫的一些詩句『……他不走了，路反過來走他，城裡那尾好看的週末仍在走……』

·如「迷妳裙」詩中，表現現代都市生活銳利的官能反應與特殊的視覺經驗，寫的一些詩句：『裁紙刀般，刷的一聲，將夜裁成兩半……』

·如「流浪人」詩中，表現現代人被冷酷的時空與都市文明放逐中的孤寂與落寞感，寫的一些詩句：『被海整得好累的一條船在港裡，他用燈栓自己的影子，在咖啡桌的旁邊，那是他唯一隨身帶的動物，而拉蒙娜近得比什麼都遠……，他帶著隨身帶的影子，朝自己的鞋聲走去，一顆星也在很遠很遠裡，帶著天空在走……』等，都不難看出我自四十七年拋開浪漫詩風過後，是急速且不斷地向現代新的生存層面、新的心象活動世界，去探索與極力塑造那具有「現代感」、「現代精神意識」以及至爲繁複、尖銳與具強大張力的意象語。我甚至相信強有力的意象語，是精神與思想的原子能，能在人類心靈中，產生無比的震撼力。

就因爲這樣，在那時期，我繁複的意象語，便也像是油井一樣，不可抑制的到處冒開來，形成我個人詩語言特有的氣勢與形態。詩人兼詩評家陳慧樺教授，曾評我當時的詩時說：「讀羅門的詩，常常會被他繽紛的意象，以及那種深沉的披蓋力量所懾罩住……，不管在文字上、意象的構成上等等，羅門的詩，都是最具有個性的。他的詩，是一種龐沛的震撼人的力量，時時在爲『美』工作，是一種新的形而上詩……」①；一位在政大任客座的美籍教授詩人高肯博士（W.H.Cohen）說：「羅門是一位具有驚人感受性與力量的詩人，他的意象燃燒且灼及人類的心靈，我被他詩中的力量所擊倒……」②詩評家蕭蕭在文章中說：「羅門的詩，有強大的震撼力，他差遣意象確有高人一等之處」③；於不久前，詩評家張漢良教授更進一步的說出：「羅門是臺灣極少數具有靈視的詩人之一，他寫反應現代社會現象的都市詩，是最具有代表性的詩人……」④。上面這些對我激勵的話，都可說是對我自四十七年（一九五八）之後全面地投入「現代型」的心象世界，去探索與創造那具有現代感與獨特性的詩的語言世界，所產生的迴響。的確在語言探索與創造的漫長的旅途上，面對著的挑戰與體認，是夠多且不斷地發生的，嚴肅而深具意義。

當我從「窗」詩中的「猛力一推，竟被反鎖在走不出去的透明裡」這一現代型悲劇所形成潛在性的自我意識之困境，衝出去之後，「東方」與「中國」，在我心靈深處所潛伏的和諧的一元性自然觀，於經過現代西方文明二元性的生存觀之強大沖激，所產生的變動與蛻化，確實使我有所頓悟與產生不凡的意義：㈠東方與西方的文化，在現代，已非孤立與相排拒的存在；而是彼此不能不相互地吸取彼此的精華，去面對全然開放性的無限創造的境域。事實上也是如此，國際上兩位被公認的西方大雕塑家布朗庫斯與亨尼摩爾，便是吸取了東方的和諧感與圓渾感；同樣的，我國當代在國際上享譽的趙無極與林壽宇兩位畫家，也都吸取了西方在創作上的新觀念。這足可證明人類具創造力的「腦」與「心」，是絕不會去拒絕世界上所有美好的事物的。於是我覺得我那句詩工作的位置，對我來說，是有啓示的。它既不是重複陶淵明「悠然見南山」的自然觀；也非受制於西方理知與機械文明所分解的思考世界，而是站在東西方二大文化在「現代」的沖激中，企圖抓住人存在於原本中的精神實態與實境。這種歸向「人本」的緣發性與靈悟性，仍應是偏向於東方文化探本朔源的範疇，但它畢竟是從「現代」的位置，以新的形態與意涵偏過去的，於詩的創作精神世界，應有創新的意義的。

㈡使我更有信心去面對與不斷發覺語言的新境域；而且確信語言的新境域，又將不斷更新詩表現技巧中的手法——諸如象徵與超現實以及直敘白描等在創作中產生變化與呈現新態。譬如上述「窗」詩中的那句詩，不就在藝術表現中，呈示不同古詩乃至以往新詩的超現實的表現嗎？就是在使用比的手法中，蘇東坡的「好風似水」，固然比得很好，但做爲一個現代詩人，在不同的時空中，對事物的觀察與思考，難免有不同的角度。於是當我在詩中寫「落葉是風的椅子」這樣的「比」時，是否因語言多加進了一個蒙太奇掃描的「動感」鏡頭，便也因此在工作中增加效果呢，可見詩人對語言與技巧的探索與運用，是順乎詩人的心象，在不同的生存處境中活動，而不斷有新的發現與創見的。

綜觀全集，不難看出我在語言探索與創造的旅程上所努力與探求的方向：

1.我的「語路」一直與我的「心路」永遠並行——這也就是說我的語言是我的生命通過「現代」的時空位置，對人存在於「都市」與「大自然」兩大生存空間所遭遇到的「生死」、「戰爭」、「自我」、「性」與「永恆」等重大生命主題予以對話與沉思默想，所發出一己的獨特的聲音；同時也更企求這聲音，必須與人類存在的生命相呼應。

2.強調語言的「現代感」與個人獨特風格的建立——也就是說，我一方面在力求語言能進入現代官能與心態活動的新境與前衛的位置去工作；一方面更力求一己的語言在工作中的獨特性與新創性。

3.從「曙光」的浪漫抒情，到「第九日的底流」、「死亡之塔」、「隱形的椅子」、「曠野」、「日月的行蹤」、「停上呼吸在起跑線上」、「有一條永遠的路」、「與誰能買下那條天地線」……等詩集，偏向於現代人繁複的心象活動所做的象徵、超現實、投射與直敘的表現，以及近年來，不少詩中採取較平易與明朗（但仍強調其深度與密度）的語路……都大致可看出我語言的走向——是由早期想像任放與較淺明的直敘的語態（如上面列舉「曙光」時期的詩例）；轉變爲中期意象繁複繽紛複疊與較深入的悟知語態（如上面列舉「曙光」時期以後的詩例）；再就是後來大部份詩的語言，都盡力走上『有深度的平易性』、『穿過錯雜的直接性』與『透過繁複的單純性』等的語路。

如在「晨起」詩中的語句：「站在頂樓／一呼吸／花紅葉綠天藍山青……，此刻要是不飛／鳥那裡來的樣子」。

「茶意」詩中的語句：『……整個視野靜入那杯茶中，歲月睡在那裡，血淚也睡在那裡，……沉在杯底的茶葉，全都醒成彈片，如果那是片片花開，春該回，家園也該在……』。

「賣花盆的老人」詩中的語句：『他推著一車歲月，擺在巷口賣，坐在盆外，他也是一隻空了卅多年的老花盆，直望著家鄉的花與土……』。

「日月的行蹤」詩中的語句：『獨坐高樓看雲山，山看你是雲，雲看你是山。山坐下來，連著地；雲遊起來，伴著天！』。

「海邊遊」詩中的語句：『……涉水時，雙腳是入海的江河，嘩然一聲藍，雙目已飛起海天的雙翅……。歸帆把黃昏運回岸邊，拋下一束沉寂，只有東南西北站在那裡偷看……』。

在「車上」詩中的語句：『張目是風景，閉目是往事，一回首，車已離地去，身在雲裡，夢在雲外……凝望溶入山水，山水化爲煙雲，煙雲便不能不了，事情總是這樣了的』。

在「摩托車」詩中的語句：『一條揮過來的皮鞭，狠狠的鞭在都市撒野的腿上……』。

在「溪頭遊」詩中的語句：『山在雲中走，雲在山裡遊，你是山，也是雲。雲遊，千山動；雲靜，山已睡了千年……。林鳥穿過千樹，碰碎滿山的青翠，滴滴落入泉聲，是誰在彈古箏』。

在「觀海」詩中的語句：『飲盡一條條江河，你醉成滿天風浪；浪是花瓣，大地能不繽紛；浪是翅膀，天空能不飛翔，浪波動起伏，群山能不心跳……』

在「曠野」詩中的語句：『你隨天空闊過去，帶遙望入寧靜……，鳥帶天空，飛向水平線；人帶護照，逃往邊界；你帶煙雲，返回原來……」

在「漂水花」詩中的語句：「我們蹲下來，天空與山也蹲下來」。

從這些抽樣性例舉的語句中，可看出我目前語言的走向，的確是除了強調語言的現代感與新意；便是往較明朗、直接與單純但堅持精神深度與質感的方向發展，如前幾年寫的「傘」中，更是企求語言以「平易」、「自如」的「直敘」形態與勢能，進入詩中非常具有「現代感」與「行動化」的四個實視空間去工作。這四個實視空間，便是相關連、緊緊扣在一起發展的——「現實中的實視空間」、「記憶中的實視空間」、「超現實中的實視空間」與「禪悟中的實視空間」，茲將「傘」詩列舉於後：

他靠著公寓的窗口
看雨中的傘
走成一個個
孤獨的世界　　現實的
想起一大群人
每天從人潮滾滾的
　公車與地下道
裹住自己躲回家　　記憶的
　把門關上

忽然間
公寓裡所有的住屋
全都往雨裡跑
直喊自己
也是傘　　　　超現實的

他愕然站住
把自己緊緊握成傘把
而只有天空是傘
雨在傘裡落
傘外無雨　　　　禪悟的

這首詩，很明顯是運用白描直敘、以及生活口語化與行動性的語言，所構成一潛藏在語言滑動平面下的立體空間，以表現出現代人生活在現代都市與內心深處至爲嚴重的孤寂感。可見我是想把過去緊密的意象語，鬆開來，再度以看不見但較前更大的內壓力，緊緊抓住對象的要害。

從上面一連串闡述我詩語言在發展過程中，所遭遇、面對與呈現的，大致可看出我除了強調「現代感」（因「現代感」含有創作的三大卓越性——「創新性」、「前衛性」與「震撼性」）外，也注意到吸取古詩有機的質素與精華，尤其是它的精純感與緣發的直敘性，如：「克勞酸喝得你好累」、「刷的一聲，把夜裁成兩半（迷妳裙）」、「張目是風景，閉目是往事」、「猛力一推，竟被反鎖在走不出去的透明裡」、「逃是鏡中的你」、「鳥不在翅膀上，天空的上面是什麼呢？」」、「雲帶著海散步」、「往事把車窗磨成一片朦朧」、「窗是飛在風景中的鳥」、「蹄落處，花滿地；蹄揚起，星滿天。」」、「浪來天更高，浪去天更遠」、「海握著浪刀，把山越雕越高，把水平線越雕越細」、「涉水時，雙腳是入海的江河」……等都可說是已多少吸收了古詩的某些精華，並以開放的心境接受西方現代藝術思潮的影響，而全然轉化到具有我個人特殊風貌的創作世界中來，這也是我一直堅持的創作觀點，那就是：『做爲一個現代中國詩人與作家，他首先必須是中國人，同時必須是現代的中國人，也必須是關心到全人類的現代中國人，最後更必須是他不斷超越中的獨特的自己。』

此外，我想順便說的，是在我的詩選集中，有兩首詩是以詩來寫詩論的詩：「門與世界與我的奇妙連線」一詩，是寫論詩的奇妙的想像力；「山的世界」一詩是寫構成詩世界中的「意象」、「語言」與「結構」等三大主要支柱。至於「古典的悲情故事」、「後現代A管道」、「在後現代都市裡各玩各的」、「世紀末病在都市裡」以及「長在後現代背後的一顆黑痣」等詩，那是針對後現代目前的生存環境與藝文空間普遍產生的盲點，而以後現代詩的創作意識與形態，批評在泛價值觀與泛方向感裡已形失控、飄忽搖擺的後現代現象。並且在「有一條永遠的路」那首詩中，堅信人類創造的智慧，仍是帶有歷史感與深層的價值意義，永遠走在「前進中的永恆」的途徑上，繼續對人類在目前所呈現的後現代思想，尤其是後現代創作思想可能或已經偏向於「存在與變化」的低層次「消費文化思想」性格，提出警示與防範。因爲「前進中的永恆」，既可包容「存在與變化」，又可將之提昇入思想高層次的具有持續性（就永恆性）的存在與活動的境域，同思想家湯恩比的進入宇宙之中之後之外的無限眞實存在的精神世界有通連與交會。因此可見後現代以及未來的後現代的後現代，在「前進中的永恆」的詩創作無限地存在下去的精神思想的途徑上，都只是許多階段性的過程；而只有能確實通過階段性的過程，進入「前進中的永恆」的境域，方是一個詩人與藝術家以高度智慧從事人類精神文明事業的終極企求與目標。

最後，我想在此特別感謝文史哲出版社彭正雄先生，在嚴肅文學趨向極度低潮的時刻出版我創作的系列書。他付出的心力與這股盛情，我除了感激，更對他偏重文化不以營利爲主、從事出版事業所表現文化人的高度素養與品格表以敬佩。當然更使我終生難於忘懷的是女詩人蓉子，他四十年來相處，給於我生活中的慰勉與諧和以及安定感，使我能專一的投入詩與藝術的創作世界。如果我的努力確實獲得某些理想的成就，則我對蓉子的感謝，便多出了一種感恩的心情。

附語

在詩創作世界藝術表現的馬戲團裡，有各項表現。

(1)有人抱著感情，又歌又唱，又跳又舞，以綜藝的普通演技與格調，娛樂觀衆。

(2)有人以遊戲方式，玩耍撲克牌，手法明快靈巧，過程也精彩美妙，可說是十足的耍巧，如果比做拉小提琴，技巧到家，但弓只拉在提琴的弦線上，沒有拉心靈中的琴線。

(3)有人耍魔術，或把躺著的人，以遮眼法浮昇到空中，眞是魔幻般，使觀衆又迷又信又幻，稱好叫絕。但過後大家都猜疑甚至確定它不是眞的。或把人裝在箱裡，用鋸將箱子上下左右的猛鋸，最後人仍活著出來。過程雖然步步驚魂，但終是一場「製作」的虛驚。這兩種耍法，設計構想、手法都相當高明，令人嘆爲觀止，然而「藝術」的生命與「人」的生命，並沒有眞的接觸，再耍下去，還可加進科幻，增加效果。

(4)有人揮著鞭舞獅弄虎，在可見且帶驚險的現實距離裡。人與獸的對決，於技巧進行的過程中，是有驚心動魄的「眞」的生命介入的，其中也含有較高的代價與保險性，給觀衆在「技巧」之外，自然多出一層對人與生命的眞實關懷。唯一不夠理想，是與事實（現實）的距離過近。

(5)有人爬上「形而上」的高空，將眞的「生命」與「技巧」溶爲一體表現「高空飛人」。

過程中秒秒的「驚視」，始終是跟著活的「生命」起伏的。更有人進一步，走在懸在生與死兩崖間的高索上，上是高高的天空，下是死亡的深谷，周圍寂靜無聲，觀衆屏息呼吸在看，但看不見「花巧」的技巧，只看見驚目驚心的走索人，步步驚魂的走在他不能沒有的更高強的「技巧」中。而技巧雖也令人注目，但在注目中，更令人感動與震驚的，是帶著「技巧」一起走的走索「人」。如果將「電動玩具人」換掉肉體人在高索上走，情況便立即變化，絕引不起這樣強大的震撼效果，至多只產生(2)與(3)項「把玩」的一些驚奇。

在上述的五項藝術表現裡，我所選擇的，比較傾向於第(4)與第(5)兩項，於採取接近現實層面作業情況時，偏用第四項；於採取超越現實的「形而上」作業時，則用第五項。均因爲我說過：「離開人的一切，若不是尚未誕生，便是已經死亡……我寫詩，不只是爲創造一些美的形式與方法，更是企求人與自我的生命，也必須在那美的形式與方法裡邊」。因此，我向詩創作世界投資的是「生命」與「藝術」雙方面的。；既不是單向走「爲藝術而藝術」的路，也非單向走「文以載道」的路；而是將「藝術」與「存在的一切生命」，送入我受詩眼監視的「第三自然」世界，去溶合成「美」的生命思想與美的精神境界，所呈現出詩的藝術作品。我之所以採取這樣的看法，是因爲如果詩只是爲藝術而藝術，只屬於一種高級的文字技巧與遊戲，那同打球、下棋與耍魔術的有什麼不同呢？如果詩只是偏重「文以載道」，排拒詩高度的藝術性，那大可去寫道德經、方塊專欄以及散文乃至其他文章，何必寫詩？

至於我將四十年來的詩作，構想彙編成這一系列的詩集，同上述強調詩必須對「人」與

「生命」存在，做深入的探索與沉思默想的觀念，是至爲相關的，因爲人做爲詩人之前，他必須也是一個通過時空、接受人所面臨存在中的「戰爭」、「都市文明」、「自然觀」、「自我、時空、死亡」以及情愛與其他事物……等重大思想主題不斷挑戰的人，便也難免對這些不同的重大思想主題，分別在詩中進行著不同的對話與發出不同的聲音。並自然形成各個不同的思想活動區，而也自然帶來我構想出這一以詩爲主的系列書的適當理由與動機。

【附註】

① 見一九七一年「藍星年刊」陳慧樺教授寫「論羅門的技巧一文」。

② 見一九七一年「藍星年刊」一〇七頁錄用高肯教授的評語。

③ 見詩評家蕭蕭在一九八〇年故鄉出版社出版的「中國白話詩選」中寫的「心靈的追索者——羅門」一文。

④ 見一九八七年五月一日出版的「中外文學」雜誌，張漢良教授寫的「分析羅門的一首都市詩」。

前言　羅門

做為一個詩與藝術的創作者之前，他必須也是一個人；一個必須勇於面對人類生存所不能躲避的幾個至為重大的思想主題的人，這些主題便是戰爭、死亡、時空、自我、都市文明與自然觀……等。

我們深知所有的文字與藝術符號所形成的表現形式，再「美」，也不能絕緣於對人與一切生命以及事物存在所做的深入探索與沉思默想。

在我看來，一個眞正偉大的詩人與藝術家，永遠是對「藝術」與「生命」進行雙向投資的。因為藝術作品，絕不只是一個玩具與遊戲；它是藝術生命思想的至為嚴肅與感人的演出。

我之所以將「戰爭」當做我詩創作重大的思想主題，是基於它在人類存在的思想空間裡，具有嚴重的威脅性，並一直成為人類生存巨大的困境與慘痛的悲劇——從第一次到第二次世界大戰，從東西德、南北韓、南北越、臺海等的衝突以及中東之戰、巴基斯坦與以色列之戰、俄羅斯與車臣之戰與波士尼亞內戰……等連續以血、肉與骨頭來建構的無數戰爭，結果總是叫人類站在死亡的陰影下，用一隻手從戰爭中去抓住勝利與光榮，用另一隻手去抓住滿掌的血，這種驚動人類良知良能與深遠人道精神的情景，探視力銳敏與深邃的詩眼，怎能不看？又該如何來看呢？是懷著厭惡的眼神還是讚頌的眼神來看？都不是那麼輕易地能回答的問題，包括上帝在內。答不出來，只好將「戰爭」交給詩與藝術看它怎麼說，說下去，便也成了這一「戰爭詩」的系列，讓人類、世界與歲月站在血與淚裡看。

麥堅利堡

「超過偉大的
是人類對偉大已感到茫然」

戰爭坐在此哭誰
它的笑聲　曾使七萬個靈魂陷落在比睡眠還深的地帶
太陽已冷　星月已冷　太平洋的浪被炮火煮開也都冷了
史密斯　威廉斯
　煙花節　光榮伸不出手來接你們回家
你們的名字運回故鄉　比入冬的海水還冷
在死亡的喧噪裡　你們的無救　上帝的手呢
血已把偉大的紀念沖洗了出來

戰爭都哭了　偉大它為什麼不笑
七萬朵十字花　圍成園　排成林　繞成百合的村
在風中不動　在雨裏也不動
沉默給馬尼拉海灣看　蒼白給遊客們的照相機看
史密斯　威廉斯　在死亡紊亂的鏡面上　我只想知道
　那裏是你們童幼時眼睛常去玩的地方
　那地方藏有春日的錄音帶與彩色的幻燈片

麥堅利堡　鳥都不叫了　樹葉也怕動
凡是聲音都會使這裏的靜默受擊出血
空間與空間絕緣　時間逃離鐘錶
這裏比灰暗的天地線還少說話　永恆無聲
美麗的無音房　死者的花園　活人的風景區
神來過　敬仰來過　汽車與都市也都來過
而史密斯　威廉斯　你們是不來也不去了
靜止如取下擺心的錶面　看不清歲月的臉
在日光的夜裏　星滅的晚上

你們的盲睛不分季節地睡著
睡醒了一個死不透的世界
睡熟了麥堅利堡綠得格外憂鬱的草場

死神將聖品擠滿在嘶喊的大理石上
給昇滿的星條旗看 給不朽看 給雲看
麥堅利堡是浪花已塑成碑林的陸上太平洋
一幅悲天泣地的大浮彫 掛入死亡最黑的背景
七萬個故事焚毀於白色不安的顫慄
史密斯 威廉斯 當落日燒紅滿野芒果林於昏暮
神都將急急離去 星也落盡
你們是那裏也不去了
太平洋陰森的海底是沒有門的

【附　註】

① 麥堅利堡（Fort Mckinly）是紀念第二次大戰期間七萬美軍在太平洋地區戰亡；美國人在馬尼拉城郊，以七萬座大理石十字架，分別刻著死者的出生地與名字，非常壯觀也非

常淒慘地排列在空曠的綠坡上，展覽著太平洋悲壯的戰況，以及人類悲慘的命運，七萬個彩色的故事，是被死亡永遠埋住了，這個世界在都市喧噪的射程之外，這裡的空靈有著偉大與不安的顫慄，山林的鳥被嚇住都不叫了。靜得多麼可怕，靜得連上帝都感到寂寞不敢留下；馬尼拉海灣在遠處閃目，芒果林與鳳凰木連綿遍野，景色美得太過憂傷。天藍，旗動，令人肅然起敬；天黑，旗靜，周圍便黯然無聲，被死亡的陰影重壓著……作者本人最近因公赴菲，曾與菲作家施穎洲，亞薇及畫家朱一雄家人往遊此地，並站在史密斯威廉斯的十字架前拍照。

② 戰爭是人類生命與文化數千年來所面對的一個含有偉大悲劇性的主題。在戰爭中，人類往往必須以一隻手去握住「偉大」與「神聖」，以另一隻手去握住滿掌的血，這確是使上帝既無法編導也不忍心去看的一幕悲劇。可是爲了自由、眞理、正義與生存，人類又往往不能不去勇敢的接受戰爭。透過人類高度的智慧與深入的良知，我們確實感知到戰爭已是構成人類生存困境中，較重大的一個困境，因爲它處在「血」與「偉大」的對視中，它的副產品是冷漠且恐怖的「死亡」。

「註」我在「麥堅利堡」那首詩中，便是表現了這一強烈的悲劇性的感受。

一九六一

一直躺在血裏的「麥堅利堡」

「二十九年後，我與風與雨
又來看你！」

一

麥堅利堡
戰火有沒有在海底熄滅
又要你跑到波斯灣去打聽
而死亡在這裡 卻一直沒有死
風雨中的天空 暗成一塊黑板
你用數不盡的十字架
寫下那麼多加號
究竟要把世界加到那裏去

砲彈炸彈加上血　等於死亡
砲聲哭聲加上嘶喊　等於死亡
祈求哀禱加上安息　等於死亡
史密斯威廉斯加上喬治　都等於死亡
只有插在風雨中的星條旗旗桿
是唯一劃在空中的一個減號
能不能減去滿天的愁容
　　　　　滿地的凋零
問風　風淒
問雨　雨苦
問沉睡在石碑上的一排排不朽
　　　　　它連看都不看
要不是來旅遊的摩登女郎
把紅嘴唇紅指甲與紅寶石
　　紅到太平洋海底裏去
誰會想起
那七萬條被炸彈炸碎的生命

在海底用血釀造著
槍口炮口傷口喝不盡的紅葡萄酒
既然自粉盒中白出來的臉
已白過了十字架
從快速攝影機中
取出來的那部歷史
也只當作旅遊風景看
麥堅利堡 還有什麼能超過
這裏的遊興
當飛機與遊輪不斷運著假期
從太平洋的海上經過
有沒有人問 你在海底
什麼時候收假

二

滿目白茫茫的十字花
在風雨中開

越開越白
越白越茫
再多的照相機
也收割不了
即使收割下來
也沒有地方放
禮拜堂 已放有百合花、
夜總會 已放有夜來香
安理會代表們的胸前 已插有紅玫瑰
殯儀館的門前 已放滿白菊花
而一直躺在血裏的麥堅利堡
你只是一片白茫茫死不了的死亡
一盆開在時空之外的盆景
要放 只能放在上帝的窗口

註：七十九年八月下旬應寶象化傳播機構邀請，隨同他們拍公共電視的TV拍攝小組，專程飛往馬尼拉拍攝本人於二十多年前寫的那首〈麥堅利堡〉詩中的「麥堅利堡」現場景觀，

我並在現場朗誦此詩。在拍攝的幾天中，正面臨颱風，拍攝工作有時遇上風雨，相當感人，故又動筆寫了這首重見「麥堅利堡」的詩。

一九九一年八月

板門店·三八度線

一

一把刀
從鳥的兩翅之間通過
天空裂開兩邊
十八面彩色旗
貼成一排膠布
這個疤該不該算到上帝的臉上去
這個疤　若再裂
火山口噴出的火
會不會是壯麗的血

二

養傷的土地
住在傷口裏
上帝太遠不能來看它
連田園與牲口也不來看它
一個美國兵守它
守了三十六個月
回國後 也不再來看它
它躺在傷口裏
那裏也不能去
所有的門窗都是槍口開的
此刻都關上

三

它能到那裏去
那座有橋頭無橋尾
有橋尾無橋頭的橋（註一）

連路都找不到自己
上帝 祢走走看

殘廢的曠野
拉住瞎了的天空
一個不能動 一個不能看
它能到那裏去
天地線是緊縮在腳上的
一條沉重的鐵鍊
鳥飛 天空逃
風吹 樹木跑
誰要是站在那裏不走
槍聲會從寂靜中
一排排過來
輕輕吐一口煙
遠處的雲 全都迴響成炮聲
天空是機翼蓋的

樹林是槍支排的
飄葉是鞋子散落的
山谷是傷口挖的
山坡是坦克起伏的
山是屍體堆成的
星夜是彈頭與眼珠綴成的
　月亮一出來　便流淚
　太陽一出來　便淌血

四

炮火是什麼顏色
血也是什麼顏色
玫瑰與酒是什麼顏色
唇也是什麼顏色
當玉腿與摩天樓
　一同昇起天國的支柱
叫那些屍骨去埋成那一種鋼架

難道那張小小的會議桌
　會有兩個半球那麼重
　　坐著兩排戰車
　　　兩排炮
　　　兩排槍
　　　兩排刺刀
　　　兩排血
　　　兩排淚
　　　兩排望不在一起的眼睛
　　　兩排握不在一起的手
　　　兩排幫忙工作的雪茄
　　它究竟是飄然過橋的雲
　　還是炮管冒出的煙

五

會議桌上的那條線
既不是小孩子跳過來跳過去的那根繩子

便是堵住傷口的一把刀
拔掉 血往外面流
不拔掉 血在裏面流
誰會去想那個在受刑的生命
推在火中 垂下頭
潑在水中 仍垂下頭
誰會去想鐵絲網是血管編的
編與拆都要拉斷血管
誰會去想在炸彈開花的花園裏
嬰孩是飛翔的蝴蝶
修女是開得最白的百合
上帝就一直抓不住那雙採摘與捕捉的手
誰又會去想在一條越走越遠的路上
一個棄槍的警長與一個棄刀的暴徒
被一個沒有鑰匙的手銬
扣在一起走

六

走到那橋頭
山窮水也窮
山盡水也盡
峯迴路也轉
當我們離橋而去
所有出走的眼睛
　都從瞎了的天空裏望出來
一緊張　不敢握別的手
　一直放在口袋裏
　不敢去看的眼睛
一直藏在凝視中
在用不著開槍的幾公尺裏
幾個沒頭沒腦的北韓士兵
　不知為什麼傻笑了過來

上帝祢猜猜看
　它是從深夜裏擲過來的一枚照明彈
　還是閃過停屍間的一線光

註：板門店38度線，有一座分界的橋，稱「不歸路」，過了橋便回不來。

一九七六年

火車牌手錶的幻影

一

坐在火車上看錶
想起三十年前那隻火車牌手錶
它不是快　就是慢
咔嚓咔嚓　快了
快的是槍聲
滴答滴答　慢了
慢的是快停了的心臟
橫屍滿野
錶面是透明的墳
連歲月死去的苦臉

都可看見
長短針括不盡漫天的風雨
葉隨彈片落
天隨炮聲暗
晨光用淚來白
晚霞讓血來紅
夜一直哭著睡

二

三十年
錶換了　心不換
鞋換了　路仍在走
車輪直喊著軌道
車窗追問著風景
我發呆地踩住鞋下的地毯
　它該是那一種溫暖的鄉土
望著前排座位小孩的裸腳

我已同那條涼涼的石板路
　奔成村子裏的那陣風
　　如果還滾著鐵環
　　那該是一輛飛車
　　　　較現在快
　　時間發出笑聲
　空間露出笑臉

三

臉緊靠著車窗
　緊靠著記憶
原野要是以昔日的步子走來
　必穿著那雙芬芳的草鞋
　　草香中有血味
　　草心中有泥味
每個鞋印都留下土地的傷口
　隨著歲月而深

淚注入
便溢成滿目湖水
映著家鄉的月色
夜又不能不哭了

提到哭　旁邊座位的那個嬰兒
說哭就哭
原來是他的嘴在顛簸中
離開了母親的乳頭
這與炮彈要一切分開
若能構成聯想
則所有的車輪　都是離家的腳
所有的車窗　都是離家的眼睛
所有的錶面　都是離家的臉

①「火車牌手錶」是抗戰期間大後方製造的一種錶，現已絕跡。從名稱看，含有時間的旅程感。因其結構粗糙，時快時慢，聲音特別大，它的跳動，一直伴隨著「炮聲」與「心

跳」，進入「時間」沉痛的呼吸之中。

②「草鞋」是抗戰期間大後方常見到的鞋，踏在被彈片割傷「流血」的土地上，似乎較那經過櫥窗地毯與柏油路方能同泥土接觸的皮鞋，更具親切感。從草鞋看亮晶晶的皮鞋，我們看見了文明的進步，幸福的生活；從亮晶晶的皮鞋想起草鞋，我們憶及過去走在苦難中的歲月。

一九七七

時空奏鳴曲

——遙望廣九鐵路

一 只能跳兩跳的三級跳

整個世界
停止呼吸
在起跑線上

車還沒有來
眼睛已先跑
跳過第一第二座山
到了第三座
懸空下不來①

往前　茫茫雲天
回頭　九龍已坐車
　　　竄入邊境
將我望回臺北市
泰順街的窗口

二　望了三十多年

那個賣花盆的老人
仍在街口望著老家的
　　　花與土

玻璃大廈沿街
開著一排排
亮麗的鄉愁
在建築物龐大的陰影下
他坐來大榕樹下的童年

一輛日本進口的野狼牌機車
以武士刀尖銳的速度
從和平東路直刺入
　和平西路
穿過記憶
一陣驚慌
整塊土地倒在血泊裏
較潑墨還迷矇的山水
不就是他愁苦的淚眼
望著彈痕從身上
　奔過來的江河
　　風寒水冷
　　　葉落枝垂
在機槍架起的高速公路上
　炮彈跨空的天橋上
每個方向都哭過
天堂的出入口

一直是久未痊癒的傷口
望著自己三十多年來
仍一直望著的眼睛
他疲累的視線
只能把黃昏田裏那頭老牛
　　　　　拖回家
已牽不動日漸繁華的街景
一輛西式嬰兒車
推著新的歲月經過
一排高樓聳立在
　打樁的巨響裏
他從炸彈聲中醒來
仍看見那個抓不到乳瓶的棄嬰
　坐在彈片散落的廢墟上②
整座天空在煙火中
　藍不出來

當藍哥兒將整條街
　　　藍過來
一群人走進禮拜堂
　　　去看聖母
一群人湧進百貨公司
　　　去看歲月
他已想不到那麼多
見到羅馬磁磚
　便問石板路
見到香吉士
　便問井水
見到新上市的時裝
　便問母親在風雨中老去的臉
滿街汽笛
響來鳥聲與口哨
他好想飛想跳

幾十個東張西望的花盆
　　朝著天空
要他一起坐下來

坐到天黑
他行動不便的雙腿
才交給那隻洗腳盆
　　帶回童時愛玩水的
　　　　小池塘裏
一高興　濺在臉上的小水珠
　　都笑成淚
淚是星星
家鄉的星空
便亮到電視機的螢光幕上
　　來看他
群星閃動時

怎會是一群歌星
地球朝炸彈的反方向滾
鳳姊姊的鳳眼
　是沿著豪華大飯店
　　十多層高的樓房
　一直笑下來的鑽石燈
他的雙目是暗在牆角裏的
　　　　　　　菜油燈

臨睡前
　年輕人拿出007裏的建築圖
　　　　　　　看看明天
　　　　　用電腦算算明天
夜總是要他坐在記憶的傷口裏
　去看儲存在存摺與日曆牌上
　　　那越來越少的歲月
從沒有聽過一聲文學性的晚安

便抱著那張單人牀睡去

睡到有一天醒不來
太陽仍會起來
鐘錶停了
路自己也會走
至於槍聲還會不會響
安全理事會還要不要開
到時候報紙會說
只要地球還在
鐵絲網還在
白晝與黑夜還在
白色的乳粉與黑色的彈藥
　　　　　　都會在

三　穿過上帝瞳孔的一條線

這條線

從板門店
繞東西德走廊
來到這裏
較雲去的地方遠
卻比腳與泥土近

這條線
只要眼睛
碰它一下
天空都要回家
這條線望入水平線時
連上帝也會想家

是誰丟這條線
在地上
沿著它
母親 妳握縫衣針的手呢

還有我斷落在風箏裏的童年
母親　如果這條線
已縫好土地的傷口
我早坐上剛開出的那班車
　沿著妳額上痛苦的紋路
　　回到沒有槍聲的日子
　　　去看妳

如果這條線
　是一筆描
動便長江萬里
靜便萬里長城
那些凍結在記憶與冰箱裏的
　　　　　冰山冰水
都流回大山大水
把鐵絲網與彈片全沖掉
祖國　你便泳著江南的陽光來

滑著北地的雪原去
然後　打開綠野的大茶桌
捧著藍天的大瓷壺
不在那小小的茶藝館裏
從「黃河入海流」
飲到「孤帆遠影碧空盡」
從「月湧大江流」
飲到「野渡無人舟自橫」
讓從巴黎倫敦與紐約
進來的照相機
都裝滿第一流的山水與文化回去
讓唐朝再回來說
那是開得最久最美的
一朵東方
祖國　當六天勞累的都市
已想到週日郊外的風景

鳥便在天空裏對飛機說
巍然的帝國大廈
　永遠高不過你
　　悠然的南山
任使一張張太空椅
　往太空裏放
祖國　你仍是放在地球上
　最大的那張安樂椅
只要歲月坐進來
打開唐詩宋詞
沒有槍聲來吵
世界便遠到
　山色有無中
太空船真不知要開多久
　　才能到了
到不了

只好往心裏望
多望幾眼
怎麼又望回這條線上來
原來是開入邊境的火車
又把一車箱一車箱的鄉愁
　　運回來

車走後
連土地都忘了
在那裏上下車
整條鐵軌
鞭過天空
聲聲迴響
　陣陣痛

【附　註】

① 第三座山因罩著大陸的「鐵絲網」。

②戰地記者名攝影家王小亭，以拍攝炸後廢墟上的棄嬰，這張照，獲國際名攝影獎。

後記

七十三年應港大黃德偉教授邀請赴港大演講，曾同詩人余光中於餐後站在中文大學宿舍高處，遙望廣九鐵路，感慨頗多，想起在「炮聲」與「鄉愁」中渡過的年代；想起全人類共同面對戰爭的苦難；想起子彈與刺刀，一直要穿過人體去探索與證實生命存在的意義……這種悲劇已形成的事實，神與上帝也只能用祂禮拜堂中的「禱告」，來治療人類的傷口了。當子彈播種在土地與人的臉上，隨便用那一隻手去收割勝利，另一隻手就必須去握住人的血；可是爲了自由、人道與生存，人又無法不去面對戰爭。在鐵絲網的兩邊，有著死不兩立的恨，也有純粹是「乳房」與「嘴」緊緊相連的母子之愛……這種一直被「卡」在難境中的苦情，使我們看到上一代踩著彈片從炮火與苦憶中伸出來的臉，與年青一代踩著幸福與笑聲從燦爛的都市文明中昇起的臉，能不有所感懷？尤其是國家壯麗的大自然景觀與深厚的文化潛力，都的確是創造國人幸福美好生活的理想溫床，然而由於鐵絲網與槍彈使一切都與理想有了一段痛苦的距離……任誰都會在內心的深處，感知到這種潛在的隱痛與憂慮。

一九八四年八月

一把鑰匙

砲聲把他叫成
雲
窗天空與凝目
常看到他
他飄得較砲聲遠
聽不見砲聲
他仍記得那砲聲
是一條河
兩岸是伸直的腿架的
血破血管而流
血在奔
血在叫

血畫山水
血畫煙雲
血畫遙念
血畫深了蒙娜麗莎的微笑
血畫遠了那砲聲

·

聽不見那砲聲
他望著腿上被砲聲
　　開的那朵花
　　放的那隻蝶
春天怎會是這個樣子
　　鳥來樹不在
　　樹在鳥不回
雲到底將天空往那裏移
雙目深處是廻旋的夜
夜把他埋成那尊砲
一擡頭　打出去的

全是家鄉的星子
　　而明月呢
低下頭來，才知道星子是淚做的
　　砲聲是哭成的
苦苦的站在那隻斷腿上
他將自己捏成那把滴血的鋸
不　　那是一把鑰匙
而天空　你的門呢
　　你門上的那把鎖呢

註：於入晚時刻，在那條運著週末與熱鬧的街上，一個斷了腿、過了中年的異鄉人走過來，像一道閃電擊中我，內心中一直在顫動與鳴響……

一九七九

週末旅途事件

身穿五顏六色的人群
帶著都市與假期的心
擠滿在月臺上
一行披著鬱綠色草原的軍人
帶著槍支與戒備的心
走著軍步來
把孩童與成人驚異的目光
分開成一條河道
流來我三十多年
不見的長江
進站的汽笛聲
拉著警報來

響來戰爭的年月
一陣慌亂
大家都往防空洞裏逃
坐定下來
竟是觀光號車廂
在西式雙人座椅上
誰會把朱唇
看成染血的彈片
把跳著迪斯可的輪聲
聽回剛才的軍步
走回逃亡的腳步
那幾支久未冒血的槍管
轉入都市頻道
已美如餐桌上的
　　香檳酒瓶
打開來
既是杯光笑影

便不是淚痕了
什錦火鍋上來時
世界還會在戰火上嗎
邊吃邊看的服裝秀
如何去認出炸彈
　開花的原野

往事把車窗
　磨成一片朦朧
一切好近
　又好遠
只是兩小時的車程
竟在記憶裏
　走了三十多年
只是鄰座嬰兒醒來的
　　一陣哭
那位老鄉額上的紋路

已被一排槍炮聲
　叫入萬徑人蹤滅
路好累
世界好睏
關上眼門睡一會
只留下那道門縫
　陪著38度線
　　天地線
　一同去望鄉

一九八六年七月

彈片·TRON的斷腿

一張飛來的明信片
叫十二歲的TRON沿著高入雲的石級走
而神父步紅氈
　子彈跑直線

如果那是滑過湖面的一片雲
　也會把TRON的臉滑出一種笑來
如果那是從綠野飛來的一隻翅膀
也正好飛入TRON鳥般的年齡

而當鞦韆昇起時　一邊繩子斷了
整座藍天斜入太陽的背面
旋轉不成蹓冰場與芭蕾舞臺的遠方

便唱盤般磨在那枝斷針下

註：TRON是被越共彈片擊斷一隻腿的越南小女孩（見五十四年十二月份的生活週刊）

一九六五年

遙望故鄉

炮聲吵了一陣過後
　　又睡去
海卻一直睡不著
一個浪對一個浪說過來
一個浪對一個浪說過去
說了三十年只說一個字
　　　　家
　　　雲在聽
　　　風在聽
　　　海自己也在聽
我們來不及的
駛著雙目的兩輪車

從望遠鏡的甬道裏
　急急回去
要不是遠方迷矇了
　便是眼睛濕了
從聲聲感嘆中回來
山與水哭著在後邊跟
已看不清那是海
還是母親端來一盆
　漾漾的洗澡水
用手抹去臉上的水珠
　卻抹來滿掌的皺紋
滿掌冷冷的鐵絲網

註：最近隨臺港作家團訪問金門，遙望別了三十年的故鄉。故鄉卻被鐵絲網所隔阻。

一九七五年

遙指大陸

他指的
是炮彈走過的路
　血淚走過的路
他指的
是千里的遙望
　孫子看不懂的鄉愁
順著他指的方向
直對著他看的
是他三十多年前的自己
　青山般的站在那裏
淚滿了雙目
海哭成三個

家遠出望外
而孫子卻說
那地方好近
把岸拉過來
一腳踩上去
不就是老家嗎

註：記不得是在那一位攝影家的作品中，看到一位祖父帶著孫子在海邊用手遙指大陸的鏡頭，有感而作此詩。

一九八三年

歲月的琴聲

——聽名胡琴家黃安源演奏有感

你的弓
動開來
是頭也不回地流去的
　　長江與黃河
你胡琴上的兩根弦
是河的兩岸
也是中國人歲月的雙軌
　運不完的憂患與苦憶
每一拉
都可看到土地與同胞身上

劃過的刀痕與彈痕
每一頓挫
都是千慨萬嘆
快弓 急來兵荒馬亂
慢弓 痛苦都感到累了

將血與山色
淚與江水
拉在一起
春天如何戴花回江南
冬日如何披雪回江北
歲月是哭是笑
琴聲也說不清
而文化仍以輝煌
山河仍以錦繡
直等著回音

臺上　琴聲淌淚叫著家

臺下　黑髮望白髮

附記：聽黃安源先生表演其中的某些樂曲，覺得他的弓，一直不放的壓在中國人苦難的心靈、歲月與土地上。

一九八七年五月

賣花盆的老人

每天
他推著一車歲月
　擺在巷口賣

坐在盆外
他也是一隻空了卅多年的
　　　　　　老花盆
直望著家鄉的花與土

天堂鳥開在樓頂
雲開在天邊
雙目開在遙望裏

一陣警哨過來
他推著越來越沉重的車輪離去
有人看見他在輕快的口哨聲中
滾著鐵環

註：爲了交通與市容，他坐的位置不對；爲了看童時家鄉門前的紅花綠樹，他坐的地方也不對。

一九八一年

茶 意

『茶！你靠鄉愁最近』

下午太陽無力地
斜靠著天
疲累的頭一個個
垂倒在椅背上
夕照與目光一同沉向
微暗的水平線
整個視野靜入那杯茶中
歲月睡在裏邊
血淚睡在裏邊
心也睡在裏邊
烟從嘴裏抽出一把劍

無意中刺傷了遠方
　一聲驚叫
沉在杯底的茶葉全都醒成彈片
如果那是片片花開　春該回
　　家園也該在
而沉不下去的那一葉
　竟是滴血的秋海棠
在夢裏也要帶著河回去
　　一九七五年

戰爭的縮影

在坦克車犁過的土地
　火箭穿破的天空
　炸彈爆開的原野
槍口開出一朵朵勝利
　　　一朵朵光榮
　　　一朵朵不朽
炮口開出一朵朵苦難
　　　一朵朵鄉愁
　　　一朵朵死亡
一隻鷹便直繞著
　黑色的墳與白色的紀念碑
　　　　來回飛
一九八八年

世界性的政治遊戲

「他」用左眼擊打他的右眼
　　　　　　　　出淚
他用右眼擊打「他」的左眼
　　　　　　　　出淚
「他」用左心房擊打他的右心房
　　　　　　　　　出血
他用右心房擊打「他」的左心房
　　　　　　　　　出血
於是無數的「他」與他
　左右眼都流淚
　　左右心房都流血
結果「他」與他
　同是一個人

一九八八年

子彈·炮彈·主！阿門

一群子彈與炮彈
從傷口不停說出
上帝聽不進去
也不愛聽的話
傳到聯合國安理會
該說的　繼續說
不該說的　便停下來
停不下來的
便繼續由傷口
以對話的方式來說
上帝不愛聽
人不能不聽
聽到大家無話可說

便留下一排十字架
　墳碑與
　　紀念牌
站在風聲雨聲與落葉聲中
　　　繼續聽
聽到土地都昏睡過去
　歷史醒不過來
最後總算聽到
遠遠傳來一聲
　主！阿門

一九九一年一月

天安門廣場印象

一

門開門關
天曾安安靜靜的睡過
睡熟了幾千年的歷史文化
也睡熟了千萬里的錦繡河山

門關門開
天曾在風雨與烽火中醒來
醒在長江黃河流不盡的血淚裡
也醒來抱著土地痛哭的歲月
沿著殿前起落的石階　官上官下

隨著四方起落的旗鼓　朝來朝去
順著到處起落的血刀　國破家亡
望著永不變的天地線　日落日出
　　　　　　　　　山在河在
　　　　　　　　　國在家在

二

在那扇一直不太透明的屏風背後
任由那一件龍袍
坐入那一張龍椅
任由那一面龍旗
昇起那一個天下
只要眼睛從旗桿頂下來
　看不見有人沿路伸出乾瘦的手
　　土地仍在用彈片播種
崇高便低不到窮困裡去
神聖也矮不到卑微中來

天總會逐漸藍出雲霧與炮火的濃煙
安下心來　看上看下
門也安下心來　進進出出
天
安
門
　還會不安嗎
守在門外的長城
將會是一條飛龍　帶著世界飛
流在門外的河川
將會是大自然的雙腿　帶著風景跑
高在門外的群山
將會是一道道高欄　讓天　全都跨過去
　追住自由與遼闊不放

三

廣場的歡呼與吶喊

是胎鳴
是歷史的陣痛與喜動
是生命的回音

刷新的空間
讓世界各地新的流行
　　　行進來
　　新的潮流
　流進來

刷新的時間
顯出一座新的 TIME SOUARE
　　　在新的脈動中
　　湧來新的歲月
　新的人潮

天色在變
廣場將亮成一面天鏡

明明朗朗的照天
照地
照人

註：本詩寫在一九八九年六月四日天安門事件發生前半個月。

一九八九年五月廿日

長城上的移動鏡

一

從地向天
拉一條曲線
將天空拉進空茫
從天向地
拉一條曲線
將大地拉入蒼茫
在茫茫中
你走進山水畫的空白
世界向高遠深遠平遠
　　層層展開
你是握在風景景中最長的

一條鞭子
鞭著整個自然遠走高飛
讓看夠賽車、賽馬的眼睛
都千里迢迢湧來此
看千山競秀
萬壑爭流

二

在眾目中
你站起來
曾是世界上最高的一座「帝國大廈」
每塊方石　都是方形的肉塊
方形的血塊
你躺下去
便呼呼大睡成那條漫長嶇崎的歷史
要歲月回過頭來苦讀你千年

最好不在這裡說現代
除了北京上海廣州會哼一聲
整塊土地是重重的隔音板
整個漠野聾得只能聽見無邊的
　沉寂與空茫

三

雖遊出了眼睛
　遊過了午餐時間
只要看罩著藍空
　　蒸在陽光裡那條
　　　世界上最大的龍蝦
　　　　不吃也飽了
當踩上踩下的無數腳步
　踩成了千千萬萬隻龍腳
就會有一條翻天覆地的飛龍
從各國來的照相鏡頭中

拉著東南西北一起飛
　飛起滿天的碧藍
　　滿野的奇觀
本來櫻花牌軟片在陽光中
已笑成那條彩色的旅程
長城也是一條公開給風景
　任意拍照的硬片
凡是留在眼裡的都是畫
雙目就不該再向空濛的層峯
　去查問槍彈走過的血路
　去追問最後那座山的去向
這一問　風景全躲開
　將我問到四十年不見的
　　母親的墳前
　心怎能不又同天地一起
　　膝跪下來

註：此次返鄉探親，並不知母親已在廿年前去世。雖與詩人林燿德到北京演講，同遊萬里長城，登高遠瞻，但遙望那深埋住無數時空的墳般的遠山，仍忘不了前些日子跪在母親墳前，苦思在戰亂中已長眠了廿多年的母親。

一九八九年十二月十九日

空手擋住坦克車的小子

坦克車是運鋼炮的
那小伙子是運人性與人道的
他空手擋住一列衝過來的
坦克車
讓全世界的將領與總統們
都看呆了這場史無前例的
大決戰
上帝都有點怕怕

如果說
天空是一個藍色的小圓點
將藍色的世界停下來

大地是一個綠色的小圓點
將綠色的世界停下來
那個穿白襯衫的小伙子
　便是一個白色的小圈點
　將坦克一路輾過來的
　　紅色的血
　　黑色的死亡
　白色的淚
全都停下來

一九八九年六月十日

月思

深夜
月亮把一塊光
縫貼在地毯上
母親仍為我過年的新衣
　在老家的燈下
趕縫著最後的一個口袋

我走近窗前
身上那個口袋
竟就是那塊月光
手摸袋裏的壓歲錢
才發覺那枚發亮的銀圓
　是千里外的月

母親　我如何去拿呢
妳的手在那麼多舉起的槍枝中
　　又永遠的縮了回去
妳走後　誰也沒有告訴我
妳的臉與妳給我壓歲的銀圓
　　仍一直寄存在月裏

註：離家三十多年，只知道母親在家鄉去世了，但不知道她是在那一陣槍聲中離去的。

一九八一年

回到原來叫一聲您

母親
您快過八十歲了
較八十個世紀還漠遠
能在彈藥庫還有
　足夠存量前
思念比子彈快一步
　　到您身邊
　見到您
主　阿門
那是戰爭與和平
　最美的一段樂章
母親

為何正當您將一支支
　　削好的甘蔗
　　甜入我的童年
一支支槍支卻不停張口說
　　歲月是苦的
即使一支支火箭
此刻從地球任何一個方向
　　射出去
天衣是有縫了
而我仍忘不了您一針針
　　縫著我入冬的寒衣
無論一個個炸彈
　　往那裡炸開
我仍記得您從雞房裡
　　取出一個個白白的雞蛋
　　打在我早餐的碗裡

母親，您的雙手伸過來　好暖
　槍炮的雙手伸過來　好冷
我已聽出　您五十年前對我說的
　同槍炮後來一再對我說的
　　好不一樣
即使整個世界在戰火中
　一直走不出去
　　歲月失去記憶
我也會回到原來
　叫一聲您　母親

一九八九年十一月十八日

附錄部份有關評論

人與神之間的交談

——論羅門的戰爭詮釋

林燿德

一、前言：羅門對於戰爭的詮釋框架

當我們面對人類的現實，也面臨著人類存在的危險。在所有人爲的存在危險中，戰爭是橫跨地域、縱貫歷史、最強大而恐怖的威脅；戰爭推動文明的巨輪，刺激科技的發展和種族的進化，它更能毀滅文明，在人類生存的第一現場展示死亡的心臟，永恆地在種族的遺傳基因上鏤刻下無法去除的扭曲符號。戰爭的引詭，是地球生命史上貫時的課題。羅門將戰爭引起的困境列爲人類存在的四大困境之一，在一九七三年完成的一篇論文中，他寫道：

> 戰爭是人類生命與文化數千年來所面對的一個含有偉大悲劇性的主題。在戰爭中，人類往往必須以一隻手去握住「偉大」與「神聖」，以另一隻手去握住滿掌的血，這確是使上帝既無法編導也不忍心去看的一幕悲劇。可是爲了自由、眞理、正義與生存，人類又往往不能不去勇敢的接受戰爭。當戰爭來時，在炸彈爆炸的半徑裏，管你是穿

軍服的也好，穿神父聖袍的也好，穿孔雀行童裝的也好，都必須同樣的成爲炸彈發怒的對象；可是戰事過後，當我們抓住敵人的俘虜，我們卻又不忍心殺他；當我們看到那許許多多在戰爭中失去父母的孤兒，那許許多多被戰爭弄成殘廢而仍活著的人，我們確是有所感動與同情的，可見人類在心靈深處，是具有上帝施給的仁慈博愛與人道的心腸的。可是人類往往爲了生存，又不能不將槍口去校對敵人的胸口，同時也讓敵人的槍口來校對自己的，這種難於避免的互殺的悲劇，的確是使上帝也不知道該用那一種眼神來注視了。透過人類高度的智慧與深入的良知，我們確實感知到戰爭已是構成人類生存困境中，較重大的一個困境，因爲它處在「血」與「偉大」的對視中，它的副產品是冷漠且恐怖的「死亡」。（《時空的回聲》第十六—十七頁）

詩的視野若求其偉大，必須綜合了對於器物世界的目視，對於邏輯世界的腦視以及精神世界的靈視；如果詩人擁有了對於這些世界的透視力，那麼他才足以成爲「一個勇敢的靈魂，像一隻兀鷹，在風暴之前端預言性地飛翔，爲將到的諸神開路。」（語見海德格〈賀德齡與詩之本質〉）詩人站在神與人之間，他的語言就是神與人之間的交談。羅門在詩中建構的戰爭主題，便明確地提示了在毀滅的「形上焦慮」下，神與人之間的呼喚與回應。

早期的新詩人，如陳夢家、陳紀瀅、孫陵、鍾鼎文、張萬熙、吳若、艾青、臧克家、金軍、覃子豪……等都嘗試過戰爭主題的寫作，他們的作品中確有若干傑出的作品，或對戰爭景觀做細膩的描寫（如覃子豪的〈沒有人認識的屍體〉、〈飛屍〉、〈棺材〉，鍾雷的〈戰場速寫〉）；或對生離死別做抒情式的鋪陳（如蘇金傘的〈離家〉）；或對英雄人物做傳奇性的記敘（如孫陵的〈紅巾·白馬〉，拾名的〈石鼓口〉，王藍的〈聖女·戰馬·鎗〉）；或對被侵略者不折撓的意志做歷史性的見證（覃子豪的〈永安是炸不毀的〉、劉心皇的〈勝利之夜〉）；或對於民心士氣做口號式的鼓舞（如臧克家的〈兵車向前方開〉、金軍的〈旗〉）。這些詩人成長在民初以降軍閥割據混戰的局面，又在青、壯年之際逢遇抗戰，因此在民族苦難接踵而至的歲月裏，他們多半趨近感性的語言爲基調，紛紛寫下心中的悲慟與吶喊。

羅門生於一九二八年，當抗戰時期前述作家正以沉痛的心情致力於戰爭文學之時，他不過是一個十餘歲的少年，但是整個中國的苦難一樣不可磨滅地壓縮在他的意識裏。戰爭的現象以及本質，成爲他不斷企圖在銳利的靈視下，利用語言思索的重要主題之一，也應該和他早年的抗戰經驗有密切關聯。從一九六一年他完成〈麥堅利堡〉起，即未停輟關於戰爭主題的創作，〈彈片·TRON的斷腿〉（一九六五）、〈遙望故鄉〉（一九七五）、〈茶意〉（一九七五）、〈板門店三十八度線〉（一九七六）、〈火車牌手錶的幻影〉（一九七七）、〈賣花盆的老人〉（一九八一）、〈月思〉（一九八一）、〈遙指大陸〉（一九八三）、〈時空奏鳴曲〉（一九八四，本詩吸收了前三首詩的主題），這一系列的作品透過戰爭所造成的苦難，對於人的存在和尊嚴予以肯定，對於戰爭的價值與弔詭性質也做了多面的剖析。相較於早期的口號詩，羅門的戰爭主題不拘於民族本位，他的觸角不但探索著中國現代史的蜩螗，更伸及太平洋上的墳塚、北緯三十八度線兩側的傷口以及中南半島上的彈片和斷腿，因爲他所欲掌握的，已不僅僅局限於個人或者個別民族對於戰爭的回應（response），他所欲掌握的回應來自植根人類普遍性的良心總體；他不但使用趨近宗教情懷的感性敘述，更進行知性觀念的照明活動，在戰爭壯烈、兇殘的景觀中，去掘取埋藏於現象底層的本質。

筆者在詳細研讀羅門一系列的戰爭詩後，發現基本上羅門從事戰爭詩的創作時，他的心靈活動便會浮現一個由三支主軸組合而成的戰爭評價坐標，這三支主軸分別是：

1.從人道思想出發的悲憫心境

2.自歷史解釋著眼的肯定立場

3.由內在空間衍生的昇華作用

1.、2.兩點基本上是有所衝突的，採取1.的心境時，詩人對於戰爭本身以及戰爭發動者殘害人類的事實感到哀傷，甚至向神提出控訴；如果採取2.之立場，一場反侵略、反極權的戰爭又絕對有其神聖、光榮的意義。這兩個角度不同，評價各異的觀點，便需要透過3.的作用將人類存在的價值自戰爭的弔詭、歧義中提煉出來。羅門曾經寫道：

海明威在《戰地春夢》裏以抨擊的語調描寫著：「神聖、光榮、犧牲等等字眼，一直使我覺得非常窘迫……然而我卻從未見過任何神聖的東西……所謂犧牲也只好像是芝加哥的屠宰場……」自海明威悲劇世界所發的過激論調，它雖較某些空乏的歌頌接近人類眞實性靈的活動面，但他對偉大不朽與神聖進行過份的否定，我在〈麥堅利堡〉詩中，雖不敢說是糾正了他偏激的觀點，至少態度較其接近客觀與公平，我是將人類從慘重的犧牲與恐怖的死亡中，接過來的贈品——「偉大與不朽」仍不被否定地留在那裏，然後叫人類站在悲劇命運的總結局上去注視它，去盯住那些沉痛與不幸的情景，所產生精神不安的戰慄，究竟是如何逐漸地超越與籠罩了「偉大與不朽」的光彩。所以我在〈麥堅利堡〉詩中，不斷使用「人類內在性靈沉痛的嘶喊」當作一把尖銳鋼鋸壓在「偉大與不朽」的石柱上，在用力一拉之際，火花起處，人們便可看清「偉大與不朽」在慘重死亡的恐怖裏確實是受傷了……上帝造人，本來是要人和平相處，可是人在一起，常避免不了紛爭，被命運與處境推到死亡邊緣去拼命，這些事上帝是既阻止不了，也是不可奈何的，當然，爲正義與自由而戰，總是必須的，也是絕對的，但在事件悲劇的總結局裏，人也難免陷在極度的痛苦中，對一切事物感到茫然了！（《第九日的底流》第七十一——七十二頁）

由人道思想出發而顯現的「人類內在性靈沉痛的嘶喊」，以及自歷史解釋著眼而肯定的「偉大與不朽」，共同被置放在羅門的內在空間，讓兩者火花交迸，升華出超越戰爭困境的「神人對話」。

二、試析羅門四首詩中的「戰爭」

1.〈麥堅利堡〉

〈麥堅利堡〉是羅門一九六七年獲菲總統金牌獎的作品。副題：「超過偉大的／是人類對偉大已感到茫然」，已經點出了全詩的「意旨」。

這首詩誠如張健在〈評三首麥堅利堡〉（《聯合副刊》，一九六二）所指出：「……它正像『一幅悲天泣地的大浮雕』！作者在處理這首詩時，他的赤子之誠，他的對於歷史時空的偉大感、寂寥感，都一一的注入那空前悲壯的對象中。」

全詩僅三十五行，從語意的掌握、情節結構的採樣到敘述結構的建立，一氣呵成：

戰爭坐在此哭誰
它的笑聲　曾使七萬個靈魂陷落在比睡眠還深的地帶
太陽已冷　星月已冷　太平洋的浪被炮火煮開也冷了
史密斯　威廉斯　煙花節光榮伸不出手來接你們回家
你們的名字運回故鄉比入冬的海水還冷
在死亡的喧噪裏　你們的無救　上帝又能說什麼

血已把偉大的紀念沖洗了出來
戰爭都哭了　偉大它爲什麼不笑
七萬朵十字花　圍成園　排成林　繞成百合的村
在風中不動　在雨裏也不動

沉默給馬尼拉海灣看　蒼白給遊客們的照相機看
史密斯　威廉斯　在死亡紊亂的鏡面上　我只想知道
　那裏是你們童幼時眼睛常去玩的地方
　　那地方藏有春日的錄音帶與彩色的幻燈片
麥堅利堡　鳥都不叫了　樹葉也怕動
凡是聲音都會使這裏的靜默受擊出血
空間與空間絕緣　時間逃離鐘錶
這裏比灰暗的天地線還少說話　永恆無聲
美麗的無音房　死者的花園　活人的風景區
神來過　敬仰來過　汽車與都市也都來過
而史密斯　威廉斯　你們是不來也不去了
靜止如取下擺心的錶面　看不清歲月的臉
在日光的夜裏　星滅的晚上
你們的盲睛不分季節地睡著
睡醒了一個死不透的世界
睡熟了麥堅利堡綠得格外憂鬱的草場

死神將聖品擠滿在嘶喊的大理石上
給昇滿的星條旗看　給不朽看　給雲看
麥堅利堡是浪花已塑成碑林的陸上太平洋
一幅悲天泣地的大浮雕　掛入死亡最黑的背景
七萬個故事焚毀於白色不安的顫慄
史密斯　威廉斯　當落日燒紅滿野芒果林於昏暮
神都將急急離去　星也落盡
你們是那裏也不去了
太平洋陰森的海底是沒有門的

首段擬人化的「戰爭」出場，藉現場的「哭」與當年殘害生靈的「笑」在時序上的對比，使得短短兩行詩產生「時間化」（temporalization）的綿延效果；「七萬個靈魂陷落在比睡眠還深的地帶」進一步爲麥堅利堡（Fort Mckinly）的七萬座大理石十字架做出超越形象的本質詮釋。

以下的部份，羅門連續地提出詰問：「在死亡的喧噪裏／你們的無救／上帝又能說什麼（收入一九八四年洪範版《羅門詩選》的版本，末句改爲「上帝的手呢」）」、「偉大它爲什麼不笑」、「那裏是你們童幼時眼睛常去玩的地方」——由理智和情感交融的「詰問行動」

（act of questioning）在羅門的戰爭詮釋中經常出現；依海德格的觀點，人一定要通過詰問而成爲一個歷史存在，才能建立自己；同樣地，羅門透過這些詰問，試圖在戰爭中找尋人類（不論是沉淪在泥土下的「史密斯、威廉斯」、或是站立在麥堅利堡前的自我）的存在與定位。

全詩的主要人格是「戰爭與死亡二而一的擬人化」與代表著七萬死者的史密斯與威廉斯，還有潛伏在語言背後的「上帝」（也就是被詰問的客體），透過作者的調度，提示他們之間微妙而無奈的聯結。而麥堅利堡的「七萬朵十字花」、馬尼拉灣外「太平洋陰森的海底」、冰冷的太陽與月亮，共同締造了融合時空的外在景觀，令人想起麥凱（J.Ma Crae）的〈在梵蘭特戰場上〉：

在梵蘭特戰場上，罌粟花開
在十字架之間，一排又一排，
標誌著我們的墓位；在天上
　雲雀羣仍勇敢地高唱，飛翔
依稀幾難聞達砲響的下界。
我們是死者。幾天前的剛纔
我們還活著，感朝暾，看夕靄，

愛人，也被愛；如今我們長躺
在梵蘭特戰場上。
請承繼我們與敵人決勝敗：
我們漸弱的手向你們投來
這火炬；願你們擎起高揚。
你們如違我們死者的信仰，
我們將難安眠，雖罌粟花開
在梵蘭特戰場上。

但是〈在梵蘭特戰場上〉一詩並未深入戰爭的本質，「這火炬；願你們擎起高揚。／你們如違我們死者的信仰，我們將難安眠」，麥凱將其感情孤注於死者對於勝利的信仰上，未能如羅門在〈麥堅利堡〉中爲戰爭價值反覆地進行著人與神之間二元對立的辯證。

另舉覃子豪〈棺材〉一詩爲例：

大的棺材
小的棺材
白色的棺材
黑色的棺材

裏面裝著受難者不全的屍首
擔架隊，紅十字隊呀
你們從火葬場中出來
把無辜的死者抬到那兒去呢？
是抬到廣大的墳場去
或是抬到法庭去控告呢？
假如人類有正義的裁判
請你不要忘記揭開死者的棺木

覃子豪以棺材的意象解剖戰爭的冷酷，也觸及到存在的呼喚和回應，但是結尾二句的命題顯得過份直接，失去隱喻耐思的趣味。〈麥堅利堡〉的末段，則能夠在雄渾的氣勢下給予戰爭一個多歧義的問號，這個問號其實正是人類存在的答案所在。

2.〈彈片．TRON的斷腿〉

其次要討論羅門的另一首詩是〈彈片．TRON的斷腿〉的最後定稿：

一張飛來的明信片
叫十二歲的TRON沿著高入雲的石級走

而神父步紅氈
　子彈跑直線
如果那是滑過湖面的一片雲
　也會把TRON的臉滑出一種笑來
如果那是從綠野飛來的一隻翅膀
　也正好飛入TRON鳥般的年齡

而當鞦韆昇起時　一邊繩子斷了
整座藍天斜入太陽的背面
旋轉不成蹓冰場與芭蕾舞臺的遠方
　便唱盤般磨在那枝斷針下

這首詩的引發，據《死亡之塔》版本原詩附註，是得自一九六五年十二月《生活週刊》上一幅新聞照片，上面記錄了一位被越共彈片擊斷一隻腿的越南女童「TRON」。羅門在此詩中以一個受戰爭迫害的無辜小孩來看戰爭的荒謬，短短的十二行裏充滿了唯美柔和的象徵名詞，如「明信片」、「高入雲的石級」、「神父」、「紅氈」、「雲」、「綠野」、「翅膀」、「鳥般的年齡」、「鞦韆」、「藍天」、「太陽」、「溜冰場與芭蕾舞臺」、「唱盤」；但是在第四行「子彈」出現，第九行鞦韆的「繩子斷了」，第十行藍天「斜入」太陽的「背面」，第十二行全句「便唱盤般磨在那枝斷針下」，這些冷酷的意象正和前述柔和的意象形成強烈的比照。其實這張無內容、無記名的「明信片」就是彈片的略喻（題目已點明了「彈片」），羅門以「明信片」這種名詞用來比喻彈片，猶如把一條毛巾拉長而後豎立在指間的魔術一般，是現代詩難得的巧喻佳例之一。

全詩在形式方面值得注意的還有動詞的扦插，「飛來（的明信片）」、「（沿著……）走」、「步」、「跑」、「滑過」、「滑出（一種笑來）」、「（綠野）飛來」、「飛入（TRON鳥般的年齡）」、「昇起」、「斷」、「斜入」、「旋轉」、「磨」（收入一九六九年藍星版《死亡之塔》中的〈彈片·TRON的斷腳〉原採用「停」字，「磨」字爲洪範版所見。）等動詞均佈在十二行詩句中，我們可以發現這些動詞不僅調整了外在形式的節奏，也在內涵面的節奏流程上產生重大功能。這首詩在巧妙的修辭下，呈現一種緩和旋律，恐怖的眞相經由幻美的意象烘托出綿亙不絕的傷痛。

覃子豪有若干作品也針對戰爭造成的傷亡而提出反戰的控訴，如〈沒有人認識的屍體〉：

一具殘缺的屍首
躺在破屋旁邊很久很久
他呀，是沒有父母

沒有兄弟、沒有朋友
他躺在那兒
血肉模糊的
沒有了頭顱，認不清
他究竟是什麼人

他躺在那兒
只有一隻狗來到他的身邊
是爲了他的血腥
還是爲了與他作伴？

又如〈飛屍〉：

一個生命被炸彈的碎片
送上破碎的屋頂
成了赤裸的殘缺的屍首
高懸在那兒

像昭告生者

前五行

覃子豪的這類作品都使用極爲淺顯的散文句法，將戰爭對個人的禍害原本地記錄下來，如同戰地記者攝下的一張張黑白的新聞照片，而且隨著語言風格的落伍，畢竟成爲具有歷史意義的泛黃構圖了。而羅門的〈彈片·TRON斷腿〉，儘管只有短短的十二行，卻宛如一段彩色的現代主義電影，以永不褪色的技法，向每一個讀者放映著一個永恆存在的故事。

3.〈板門店·三八度線〉

〈麥堅利堡〉以巨視的觀眼去看被戰爭摧毀的生靈；〈彈片·TRON的斷腿〉以特寫的鏡頭播放出個人在戰爭中與死亡和恐懼比鄰而居的生命；羅門在一九七六年完成的〈板門店·三八度線〉則強調戰爭的荒謬：

難道那張小小的會議桌
會有兩個半球那麼重
坐著兩排戰車
兩排炮
兩排槍
兩排刺刀

兩排血
兩排淚
兩排望不在一起的眼睛
兩排握不在一起的手
兩排幫忙工作的雪茄
　它究竟是飄然過橋的雲
　　還是炮管冒出的煙

第四節第八—二十行

會議桌上的那條線
既不是小孩子跳過來跳過去的那根繩子
便是堵住傷口的一把刀
拔掉　血往外面流
不拔掉　血在裏面流
誰會去想那條在受刑的生命
　推在火中　垂下頭
發在水中　仍垂下頭

誰會去想鐵絲網是血管編的
編與拆都要拉斷血管
誰會去想在炸彈開花的花園裏
嬰孩是飛翔的蝴蝶
修女是開得最白的百合
上帝就一直抓不住那雙採摘與捕捉的手
誰會去想在一條越走越遠的路上
一個棄槍的警長與一個棄刀的暴徒
被一個沒有鑰匙的手銬
扣在一起走

第五節

在資本主義世界和共產集團意識形態的對立下，「那張小小的會議桌／會有兩個半球那麼重」，在兩句詩中，羅門就把整個板門店與三八度線的國際政治背景清楚地映現出來，八個「兩排」，鏡頭自「戰門」推移到「幫忙工作的雪茄」，而這雪茄所冒出來的煙，已分不清楚應用來象徵「過橋的雲」、還是「炮管冒出的煙」，甚至可以說三者根本混融在一起了。其實談判桌上的過程本來就是另外一種形態的戰爭，羅門利用戰爭場景和談判桌的現場互相詮釋，確實呈現出卓越的趣味。「受刑的生命」形容處於戰爭宿命下的朝鮮民族；「炸彈開花的花園」指被帝國主義蹂躪的朝鮮半島；而三八度上的路障和鐵絲網，都是民族的「血管編的」。在談判這條「愈走愈遠的路上」，談判雙方被「一個沒有鑰匙的手銬，扣在一起走」，讀者的心緒也被羅門的詩句緊緊地「扣在一起走」。

〈板門店·三八度線〉是羅門戰爭主題中除〈時空奏鳴曲〉（一九八四）之外規模較大的執行，全詩分六節一百餘行，嚴肅地攫取住戰爭以及談判桌上無奈、無助與荒謬等母題，在最後的五行，羅門又再度向上帝提出質詢：

在用不著開槍的幾公尺裏
幾個沒頭沒腦的北韓士兵
　　不知爲什麼傻笑了過來
上帝祢猜猜看
　它是從深夜裏擲過來的一枚照明彈
　還是閃過停屍間的一線光

上帝的答案，就在羅門的詩裏。

4.〈時空奏鳴曲〉

「〈時空奏鳴曲〉是自由中國詩壇在七十三年（一九八四）歲末的一聲巨響。比較起前此羅門對時空思考的詩，這一首更顯得悲壯，更能夠把詩人羅門三十多年來的動狀呈現出來。」爾雅版《七十三年詩選》的編者給予〈時空奏鳴曲〉極高的評價。筆者不但讚成本詩確是當年度「歲末的一聲巨響」，其至認爲稱之八〇年代初葉的重量級代表作亦不爲過；至於本詩是否在營造氣氛的成績、以及呈現詩人生命軌跡各方面，均超越他「前此」對時空思考的詩，筆者認爲不無商榷餘地，且留待他文探討。

首章〈只能跳兩跳的三級跳〉是全詩序曲，一開局，三行十三個字，用語平實，卻呈現出氣勢龐大的遠鏡：

整個世界
停止呼吸
　在起跑線上

整個磅礴的場景並非客觀描寫下的鋪陳，而係透過詩人知感合一、精密運作的心靈投射出來的蒼茫境界。停止呼吸的整個世界，危立在沒有寬度只有位置的起跑線上，寓動於靜的構圖，充滿緊張、不安、失衡的容態。處於不穩定平衡中的整個世界，彷彿正欲迸跳出我們思考的網羅。

在首段三句成功地達成「藥引」功能後，羅門簡潔地勾勒出自己在時空中的坐標，並且將無限的悲愴渲染其間：

車還沒有來
眼睛已先跑
跳過第一第二座山
到了第三座
懸空不下來
往前　茫茫雲天
回頭　九龍已坐車
　　竄入邊境
將我望回臺北市
泰順街的窗口

李白〈山中與幽人對酌〉：「一盃一盃復一盃」，以報導性的敘述來說明兩人連續而急遽的對酌，看似平凡，但是在整首詩中發揮了巨大的效用，使讀者感受到時間的遞嬗和對酌者狂疏的性格；在「車還沒有來」以下的五行中，「我」的眼睛等不及車來，已經脫離眼眶，隨著心眼的趨勢向前跑去，連續躍過兩座山，到達第三座山的上空時，遽然停頓——「懸空不下來」。這時，整個時代的悲劇，所有個人的徬徨感傷，全部凝聚在這對特寫的巨眼之中；受到阻滯的巨眼不僅爲本段的焦點，更成爲人類良知的象徵。

詩人對於鄉愁這種難以捉摸的感覺，並不以露骨甚至肉麻的手法處理——譬如直接以「鄉愁」這個高度抽象的概念名詞入詩，做一種膚淺的塡插，此類低層次的表現方式已被羅門放棄——他能夠以銳利準確的動作，劃破時空的迷惘，切入懷鄉情結的核心。

接著，羅門把焦距暫時拉回現實——「往前茫茫雲天」，但是下面幾句：「回頭　九龍已經坐車／竄入邊境／將我望回臺北市／泰順街的窗口」，在此，自我與景觀的主客易位，以及時空的轉換調度上，均出現大開闔的蒙太奇手法。元好問〈穎亭詩〉：「春風碧水雙鷗靜；落日春山萬馬來。」寫落日時天地色澤變易，青山猶如萬馬馳向眼前，用超現實的觀點將落日景色處理得如此鮮活潑辣；羅門自己被「已坐車竄入邊境」的九龍望回泰順街燈屋的窗口，手法奇正互濟，與元句異曲同工。

第二章〈望了三十多年〉，是另一首詩〈賣花盆的老人〉（一九八一）的移置。起手羅門寫道：

那個賣花盆的老人
仍在街口望著老家的

花與土

日片《繁華街的候鳥》有個著名的鏡頭連接法，在觀衆未及思考的瞬間，一個滿面紅光的怒漢臉部特寫一變爲陋巷的夜景，不遠一家診所簷下的紅色門燈緊接著顯現。羅門在連結〈只能跳兩跳的三級跳〉和〈望了三十多年〉兩部分時，即採用這種鏡頭重疊法，平滑地移換場景。

讓我們進一步檢驗這三行詩句。賣花盆的老人肉眼所見，就經驗法則而言，絕對只能見到本省的花與土，但是羅門卻告訴讀者，老人仍在街口望著「老家的」花與土，因此我們可以發現，羅門不僅在調度場景時運用重疊技巧，他更善用了詩語言本身歧義的重疊技巧，「老家」和「本地」兩種花土的疊合，淋漓盡致地表現出被時空凝凍的哀傷。「望了三十多年」，這是另一種——較羅門的鄉愁更無助、更淒涼的「類型化鄉愁」，一種「跳」不起來的鄉愁。

接下來的四段九十九行，除了最後一段作者站出來向大衆做個結論以外，其餘的部分，羅門主要藉助賣花盆老人的一生，傳達自己對時代的體驗和批判。陳寧貴〈把鄉愁運回來〉（一九八五年三月二十五日《臺灣新聞報．西子灣副刊》）一文對於此處有描述性的詮釋，他指出：「羅門將老人內心的感情世界，與這個外在的新世界相對照，新世界並未爲他帶來什麼，反而加深了他對往昔的懷念……時空的壓力，逐年逐月在老人脊背上加重。他猶若背負著生命的十字架，沉默地向世紀的末日走去……」。

本章最後一段，是羅門基於人道立場所發出的讖語，句句點出亂世的悲哀，在此，羅門已經超越一己、基至民族的立場，以靈視洞悉人類整體歷史的荒誕：

睡到有一天醒不來
太陽仍會起來
鐘錶停了
路自己也會走
至於槍聲還會不會響
安全理事會還要不要開
到時候報紙會說
只要地球還在
鐵絲網還在
白晝與黑夜還在
白色的乳粉與黑色的彈藥
　　都會在

是的，上帝與撒旦、愛與恨、文明與戰亂、「白晝與黑夜」、「白色的乳粉與黑色的彈藥」

都無法割離地並存於人類的歷史與未來。這種心靈的大鴻濛，猶如杜甫句「火焚乾坤獵」一般，氣吞寰宇。

第三章〈穿過上帝瞳孔的一條線〉是〈時空奏鳴曲〉的最後樂章，這條「線」貫穿全篇，更貫穿民族分裂的淒涼、委屈、夢想以及不折撓的意志：

只要眼睛
碰它一下
天空都要回家
這條線望入水平線時
連上帝也會想家

是誰丟這條線
　在地上
沿著它
母親　妳握縫衣針的手呢
還有我斷落在風箏裏的童年

在社會主義和資本主義體制傾軋、僵持下的「這條線」，現實上「比腳與泥土近」，精神上卻「較雲去的地方遠」；羅門竭力誇大地告訴讀者：「只要眼睛／碰它一下，天空都要回家……／連上帝也會想家」他提出詰問——到底是誰將這條線丟在地上？而沿著它的走向，「母親／妳握縫衣針的手呢／還有我斷落在風箏的童年」緊接著提出三個環環相扣的問句，句句掌握人心，直指問題的要害，正如同本詩〈後記〉中所提及的隱痛及憂慮：

> ……遙望廣九鐵路，感慨頗多，想起在「炮聲」與「鄉愁」中渡過的年代；想起全人類共同面對戰爭的苦難；想起子彈與刺刀，一直要穿過人體去探索與證實生命存在的意義……這種悲劇已形成的事實，神與上帝也只能用祂禮拜堂中的「禱告」，來治療人類的傷口了。當子彈播種在土地與人的臉上，隨便用那一隻手去收割勝利，另一隻手就必須去握住人的血；可是爲了自由、人道與生存，人又無法不去面對戰爭。在鐵絲網的兩邊，有著誓不兩立的恨，也有純粹是「乳房」與「嘴」緊緊相連的母子之愛……這種一直被「卡」在難境中的苦情，使我們看到上一代踩著彈片從炮火與苦憶中伸出來的臉，……由於鐵絲網、槍彈與列寧裝，使一切都與理想有了一段痛苦的距離……任誰都會在內心深處，感知到這種潛在的隱痛與憂慮。

第一個問句「是誰丟這條線／在地上」是因警策而詰；第二句「母親／妳握縫衣針的手呢」與第三句「還有我斷落在風箏裏的童年（呢）」則係因自傷感懷而詰。在此，羅門的詰問具備著高曠的氣質，烘托出大悲的胸襟。

以下羅門順著「線」的線索，一瀉千里，峯迴路轉，直到他望回廣九鐵路，看著開入邊境的火車將一車箱一車箱的鄉愁運回來：

母親　如果這條線
已縫好土地的傷口
我早坐上剛開出的那班車
　沿著妳額上痛苦的紋路
　　回到沒有槍聲的日子
　　　　去看妳

如果這條線
　是一筆描
動便長江萬里
靜便萬里長城

那些凍結在記憶與冰箱裏的
　　冰山冰水
都流回大山大水

把鐵絲網與彈片全沖掉

於此連續的段落中，羅門開始伸展他充滿童稚天眞的一面，以無限欽仰的心情遨遊這傷口癒合的綿邈大地，「湧著江南的陽光來／滑著北地的雪原去」——祖國終於成爲地球上最大的一張安樂椅……，詩人赤裸裸地將內心的憧憬坦呈出來，他的憧憬正是一切具備良知的華人所共有的心事。然而「到不了／只好往心裏望」，一直到望回無比殘酷的現實，所有的夢想和欣悅都跌碎一地，所有的哀傷與悲慟也都浮出天空。

全詩的最末一段，羅門展露了一手無瑕的「刹車技術」，以短勁有力的結尾支撐住整首詩龐大繁複的架構：

車走後
連土地都忘了
在那裏上下車
整條鐵軌
鞭過天空
聲聲迴響
陣陣痛

末四句描述做爲主詞的鐵軌，整條飛離大地、鞭過蒼穹，在詩人四次元的心靈空間中擊出聲聲回響、陣陣痛，意象詭奇，直迫稼軒。羅門寫下這四句詩的手 ，已經把握住意象詩學的精魄。

5. 結語：戰爭詩學的省思

在本文中概括性地檢討了羅門對於戰爭主題的詮釋架構，並簡析其四首代表性的戰爭詩。筆者認爲羅門在戰爭文學的傳統上繼承抗戰以降中國詩人反戰／頌戰的兩極徘徊，在藝術內涵以及表現手法上則有青出於藍的成就。戰爭是文學的重要主題之一，如日本戰後有廣島文學、德國戰後有還鄉文學，中國的戰爭文學亦應有持續發展的空間。

在文學史上最成功的戰爭文學通常在隔代之後完成。當一個中國文學家試圖成爲民族反省意識的運作者時，他必然發現戰爭不僅僅是一種眼前的威脅，更是不堪回首也要回首的鮮明記憶；這記憶，同時證明了人與神的存在。

——本文收入一九九一年臺北師大書苑出版社出版林燿德寫的「羅門論」。

■林燿德：詩人、評論家、設計家，並從事小說，散文與戲劇等創作，現任青協秘書長。

戰爭之路

——談羅門詩中的戰爭表現

陳煌

一

羅門的詩，給我的印象一直是不詭異、不脫離現實的；雖然在型式上的表現，有點自我囿限的感覺，但語言的變化還是多樣性的。尤其是，羅門詩的題材大部份拋開不了城市、自然和戰爭的描述及悟性，卻也可見其關心的方向，比起一些同輩的詩人，較之眞切而深入。這優點，大致是構成羅門的詩之形成，及風格之建立因素吧。

我曾經以八千字的長篇大論，寫「城市詩國的發言人」爲題，探討羅門詩中有關城市的觀視世界，及意識型態，而提出個人看法。本來有意再繼續寫一篇探討羅門詩中的自然觀視世界，卻不料時間不許可，而始終耽誤下來。我想，就留在往後有機會再做討論。

現在，我就先來談談羅門詩中的戰爭表現技巧及旨意，它是具有相當意義的。

何況，詩人總有他敏銳的一面，他運用獨有的思想來經營戰爭的題材，也必然有特殊的視野。另一方面，詩人所借重文字語言所呈現出來的意象，也引導讀者進入另一層峯迴路轉的境界，而達到思考和欣賞的效果。

二

戰爭，對許多人而言，並沒有一致的認同。我非常同情國外一些以「和平使者」自居的人士，他們反核、反戰爭，都可能是基於一種「出世」般的看法。可是，在世界尚未臻於眞正的和平之前，戰爭就可能成和平的手段與方法，藉著戰爭，才能使世界趨於眞正的和平，也就是正義與邪惡的衝突！有了邪惡，就必需消滅邪惡的勢力，而達到和平的目的，於是乎戰爭成爲一種正義一方應付邪惡的力量，除非有比戰爭更完美的方法，使邪惡屈服消滅，否則正義的一邊若無抗拒必永遠受害。何況，邪惡總以戰爭來達到其控制奴役他人的工具。爲正義爲和平而戰的事實，顯然不可免。

因此，反核反戰的人士應該了解，反核反戰並不是解決的最佳方式，除非反核反戰的人能使邪惡放棄其武力的侵略，否則有朝一日必會受到邪惡勢力的侵犯！我想這也是反核反戰的人士所不願見到的吧？再說，如果正義的一方沒有有利的武力做後盾，則只有做俎上肉了。戰爭，對正義一方是不得已的。想到這裏，我又不得不對反戰反核的人士感到惋惜。

然則，戰爭事實上卻是一種不幸，家破人毀的失所流離，殘酷死亡的陰影，卻永遠令人神傷哀痛！死者已矣，但擺在眼前的殘破山河景象，無論如何，卻是詩人最佳的入詩題材。

羅門的詩中，就不乏有關戰爭的詩作。

在藍星詩刊第二號中，羅門的近作「時空奏鳴曲」，即是一首長篇力作，長達近二百行，共分為「只能跳兩跳的三級跳」、「望了三十多年」、「穿過上帝瞳孔的一條線」等三小題，其中「只能跳兩跳的三級跳」最短，只有十三行。在「時空奏鳴曲」主題下，還有一個副題「遙望廣九鐵路」。可見，羅門這首詩是以戰爭所帶來的情緒而入手，鄉愁的成分居多。

現前中年以上的詩人，在臺灣光復三十幾年中，對故國的河山的情愫，大多來自遷臺後的對舊有大陸的感喟，但是也多半只能心懷愴然。因此，對可望而不可及的故國山河，就只有藉詩來舒發了。

於是像「整個世界／停止呼吸／在起跑線上／車還沒有來／眼睛已先跑／跳過第一第二座山／到了第三座／懸空下不來」的詩句，是不難了解的。

當眼睛的視線，不是一座兩座再高的山可能阻擋的，然而這種「只能跳兩跳的三級跳」的視線，的確是該在罩著大陸的「鐵絲網」這般的「第三座／懸空下不來」，那是不忍卒睹的！詩人的心更不忍見到戰爭殘忍的後果，竟是連視線也難以接受和跨越。這短短的五行，由「眼睛已先跑」和「懸空下不來」點出詩人的心境和情境，也暗示了戰爭下，活著的人的無奈與悲切。本來，眼睛的目力一般而言，是無遠弗至的，可是又只能做跳兩跳的三級跳，這無非是令人不敢想像的。何況，將眼光懸空在「鐵絲網」上下不來，尤表現心情的無限悲哀。

這樣的「往前／茫茫雲天／回頭／九龍已坐車／竄入邊境／將我望回臺北市／泰順街的窗口」是否也表達了詩人的感觸呢？其中的「泰順街」一詞，不但表示了羅門住處的街名，而且暗喻了臺北市的昌泰和順之和平安樂之意，相當吸引人。這首「只能跳兩跳的三級跳」雖然小題取得有點突兀，但詩卻是「時空奏鳴曲」中的最佳詩作。它精短而完整，密度也夠。

這首「只能跳兩跳的三級跳」並不直接寫戰爭，但卻以戰爭下的事態爲描述，旁觀側擊，卻也動心。這種旁觀側擊的筆法也是一些其他詩人慣用的方式之一。羅門避開戰火槍炮等字眼，而選擇這方式使用，必然也有他的理由：第一、詩質不致太露骨直接；第二、強韌詩的密度；第三、維持基本的創意。

但是比起「只能跳兩跳的三級跳」，「望了三十多年」一詩則未免太冗長了些。羅門使了大堆的現代詞句來映照鄉情，句子也排列整齊，這手法曾不止一次出現在他的詩中，會不會有傷自我突破的意圖？

羅門以「玻璃大廈」對「大榕樹下的童年」、以「野狼牌機車」對「較潑墨還迷矇的山水」、以「西式嬰兒車」對「抓不到乳瓶的棄嬰」和「廢墟」、以「百貨公司」、「餐廳飯館」對「歲月」、以「羅馬瓷磚」對「石板路」、以「香吉士」對「井水」、以「新上市的時裝」對「母親在風雨中老去的臉」、以「豪華大飯店」「樓房」「鑽石燈」對「菜油燈」……現代與傳統的映照，雖然有利強化表現懷想的意圖，可是運用的比例太多，卻可能反而削弱說服力。關於這點，是否有待思索呢？

其實，在現代生活中，也有許多不同種類型式的「戰爭」在發生，例如對名利的追求，對失敗的掙扎、對人事的頑抗，以及對情緒心理上的壓抑……等等，也都屬於「戰爭」的一種。也正因有了正與反、善與惡、是與非、正義與邪惡的相對衝突，才足以構成「戰爭」的條件。我在想，羅門在這首「望了三十年」一詩中運用了如此多的映照手法，難道他也了解這些發生「戰爭」的相對性？因此，他才會那般堅執地一再慣用他精於此道的處理方式？

眞正的戰爭，一向都是悲劇，我認爲大部份的人類是絕對不想戰爭的，因爲戰爭而付出的代價太高了，而留給後來的人傷感也特別重，尤其是經歷戰爭的人，將隨時會觸景傷情地有所哀怨，羅門藉著「那個賣花盆的老人」的眼，正是影射這樣的心態。

而「穿過上帝瞳孔的一條線」正是「連上帝也會想家」的一條線，是「母親／妳握縫衣針的手呢」和「還有我斷落在風箏裏的童年」的一條線。這條線很長，「較雲走的地方還遠」，「母親／如果這條線／已縫好土地的傷口／我早坐上剛開出的那班車／沿著妳額上痛苦的紋路／回到沒有槍聲的日子／去看妳」，這不就是羅門這樣經歷戰爭的詩人最沉重心情的寫照嗎？只要沒有槍聲——沒有戰爭，這世界不是太美好了嗎？從那裏來就回到那裏，那裏是故鄉，是母親住的地方，落土歸根的觀念一直縈繞在中國詩人的心裏，不由得心情便匍重起來了。因爲：

只要眼睛

碰它一下
天空都要回家（見「穿過上帝瞳孔的一條線」詩第二節）

談羅門的詩，須有耐性，咀嚼再三，始能享有其回味。談羅門的戰爭詩也一樣。因爲，戰爭，在羅門的靈視中不是單純的眞正一場「戰爭」，人性的各種衝突，也都歸類在羅門所謂的戰爭詩的涵意中，乍隱突現，引人入勝，得之不易。

以「板門店·三八度線」這首長詩而言，羅門也認爲是「透過戰爭的苦難……追蹤人的生命」的作品之一。他也將「火車牌手錶的幻影」、「茶意」、「望鄉」、「月思」、「遙指大陸」、「賣花盆的老人」等詩作，歸入此種範疇中，「去展開多方面追蹤『人』的工作」，可見得，羅門在基本上並不以做爲一個單純寫詩的詩人爲滿足，他的理念及觀視已藉著詩這種文學型態透露出來。

一把刀
從鳥的兩翅之間通過
天空裂開兩邊
十八面彩色旗
貼成一排膠布

這個疤該不該算到上帝的臉上去——見「板門店・三八度線」詩第一節
玫塊與酒是什麼顏色
唇也是什麼顏色
當玉腿與摩天樓
一同昇起天國的支柱
叫那些屍骨去埋成那一種鋼架——見「板門店・三八度線」第四節

有力的反省力，永遠是羅門詩作的噴泉！對世界和人類的嚴肅批判更毫不避縮。上帝——這個超脫凡人的天使，又如何能與人類同在？玫瑰、酒、玉腿、摩天樓以及鳥、天空從某種角度上看是虛無的，可是在戰爭的前題下，這些都變得虛僞和不幸，只有屍骨宛然是眞實的，卻不料「埋成那一種鋼架」！同樣的，在板門店談判的會議桌上，戰爭也才是眞實得令人悚目驚心：

會議桌上的那條線
既不是小孩子跳過來跳過去的那根繩子
便是堵住傷口的一把刀
拔掉　血往外面流

又：

不拔掉　血在裏面流
在用不著開槍的幾公尺裏
幾個沒頭沒腦的北韓士兵
　不知爲什麼傻笑了過來
上帝你猜猜看
　它是從深夜裏擲過來的一枚照明彈
　還是閃過停屍間的一線光

叫人側目的手法，也叫人讀來悽涼。戰爭的確是悲哀的，那既不是一條「小孩子跳過來跳過去的那根繩子」也不是「幾個沒頭沒腦的北韓士兵」的傻笑所能緩和的；那麼，戰爭之下，永遠是良善的受害，傻笑只使我們見到戰爭的苦楚。戰爭，在少數的極權者策動下，才可能發生，卻造成參與戰爭（北韓士兵）和不參與戰爭（小孩子）的犧牲，誰說這不是整個人類的不幸呢？戰爭一旦爆發，誰又能安然置身度外？難怪羅門要說：

那座有橋頭無橋尾
　有橋尾無橋頭的橋

連路都找不到自己
上帝你走走看

「火車牌手錶的幻影」一首，在羅門所有的戰爭詩中，是較爲含蓄的，從一只抗戰期間大後方製造但已絕跡的一種「火車牌手錶」記述起，表現了時間的旅程感，但更重要的，卻是在經營過去戰爭的苦難歲月。

然則！這種因一只手錶而引起的幻影，也激起了：

葉隨彈片落
天隨炮聲暗
晨光用淚來白
晚霞讓血來紅
夜一直哭著睡——見「火車牌手錶的幻影」詩第一節

苦難歲月，隨著落葉、天暗、晨光白、晚霞紅、夜哭著睡來顯像，暗喻著對故國的懷想，不過山河變色也在一只火車牌手錶上以速度的語路來延續戰爭的聯想：

它不是快　就是慢
卡嚓卡嚓　快了
快的是槍聲
滴答滴答　慢了
慢的是快停了的心臟

寫的是一只手錶，但詩人的聯想力則是異於常人的，它欲吐露的，卻是對戰爭的驚懼，快快慢慢，是槍聲，是衰弱的心臟，槍聲能使心臟停止，戰爭更不用說。

羅門寫這首「火車牌手錶的幻影」時，顯然不愉快，因爲戰爭的「幻影」同樣繫著詩人的心，那是「三十年／錶換了／心不換」的情愫。一只火車牌的手錶可以絕跡，但戰爭印象卻一直留在詩人的心頭。何況，戰爭並未結束，其影響所及，是刻骨銘心的苦澀。

羅門說，「所有的錶面／都是離家的臉」。我深信，時代因戰爭的變化，變得有家回不得的慘況，是詩人最不能忘的，不敢想的，可是它之所以易於成爲入詩的題材，卻也是詩人最不能忘的，不能不想的。

在戰爭之路上，有人只留屍骨，有人苟活下來，除非已安逸於眼前的暫時和平現狀，不然誰都對戰爭有過心懼、有過勇敢、也有過悲痛，但它已和往昔不同，在迅速的改變中，詩人運用最好最精確最多向性的詩作表達，爲歷史做了最佳的見證。這點，詩人的功勞不可忽視，羅門的戰爭詩也頗爲可觀。

何況是上帝呢？羅門的詩在表露戰爭下的悲傷情緒時，並不濫情，也不顯得做作，一放即止，留有餘韻。羅門在戰爭詩這方面的表現頗具功力。再接下去看：

如果這條線
　是一筆描
動便長江萬里
靜便萬里長城
那些凍結在記憶與冰箱裏的
　冰山冰水
都流向大山大水
把鐵絲網與彈片全沖掉
祖國　你便泳著江南的陽光來
　滑著北地的雪原去
然後　打開綠野的大茶桌
　捧著藍天的大瓷壺

不在那小小的茶藝館裏
從「黃河入海流」
飲到「孤帆遠影碧空盡」
從「月湧大江流」
飲到「野渡無人舟自橫」
讓從巴黎倫敦與紐約
　進來的照相機
都裝滿第一流的山水與文化回去
讓唐朝再回來說
那是開得最久最美的
　一朵東方

這一節氣勢不小，讀來順暢，叫人欣喜，完全是以反映鄉情的嚮往。藉外物以表達現實情況的，在詩中就有不少，像大家熟悉的「感時花濺淚，恨別鳥驚心」即是一例。現代詩人能繼承古代詩人的傳統詩優點表現，已有相當火候。只是現代詩善於運用更多的詞彙及轉折，意象更繁複，更有把握去經營它，使詩更豐富更有意識。但古詩使用的文字技巧更爲精短圓熟，現代詩卻較冗長，這點似乎在現今詩人中顯得有點差距。這令我想到一般的敘事詩的冗長方式表現，同樣是處理一個事件，敘事詩則變得不夠精練了——當然這是題外話，不便在此做太多的討論。

這首包含三小題的「時空奏鳴曲」，全部以遙望廣九鐵路事件引起，三小題中皆以「眼睛」來做引導的主線，這種「車還沒來／眼睛已先跑」（見「只能跳兩跳的三級跳」第二節）、「望著自己三十年來／仍一直望著的眼睛」（見「望了三十多年」第三節）、「只要眼睛／碰它一下／天空都要回家」（見「穿過上帝瞳孔的一條線」第二節）無異是充分地顯示那可見面而不可及的故國，因戰爭的未能憩止，而阻斷了詩人「卻比腳與泥土近」的鄉愁。

只要戰爭不息，鄉愁恆在。

詩人也難以放棄這感人的題材。

三

羅門處理戰爭詩的特點，在於保持他以往快節奏的特性，而以冷靜的心思去掌握詩所應具有的密度，這點前面已稍許談過——固然有些語言不免有削弱其詩密度的遺憾，但大抵而言，羅門在此題材仍大有可觀。這是羅門拋開浪漫詩風，再往前急速衝刺的成績，我們不妨去關心它往後的發展。

羅門在他的「羅門詩選」代序一文中提到：

「……我繁複的意象語，便也像是油井一樣，不可抑制的到處冒開來，形成我個人詩語言特有的氣勢與形態。」

而我認爲，在處理戰爭詩這特定似的題材上，若有相當的意象語節制，也不算是件壞事。除非，在架構整個戰爭事件或戰爭史，必須如史學家在記錄每一細節一樣，而非具有綿長巨構的條件不可，否則在涉及鄉情的舒發，是較易於鬆散浮泛的，不可不愼。羅門將這類戰爭詩，「大膽地將詩推入更深廣的精神層面」，其成果又如何呢？

如同羅門寫城市詩一樣，他帶著透視的批判性來表達戰爭詩的境界，叫人被懾於他的驚人感受力與龐沛的語言，而給人另一種感官的視野，有其個性和力量。

以紀念第二次大戰期間七萬美軍在太平洋地區戰亡的「麥堅利堡」一詩而言，羅門深刻地寫下：

七萬個故事焚毀於白色不安的顫慄
史密斯　威廉斯　當落日燒紅滿野芒果林於昏暮
神都將急急離去　星也落盡
你們是那裏也不去了
太平洋陰森的海底是沒有門的

在「彈片．TRON的斷腿」一詩中：

一張飛來的明信片
叫十二歲的TRON沿著高入雲的石級走
而神父步紅氈
子彈跑直線

在神的面前，人爲的戰爭依然冷酷的進行，而「神都急急離去」，「而神父步紅氈」，這是多麼令人絕望無助的事啊。至此，神和神父這些代表上帝的使者都無法化解戰爭，還有什麼力量能阻止戰爭的發生？神．急急地離去，是無法使已戰亡的人再生；神父走在血洒如紅氈的戰地上，他又能爲受傷的人類祈禱什麼呢？人類在戰爭中，變得十分脆弱。神說過，當祂要懲罰人類時，必然會使人類精神散亂——戰爭由此而起——也顯示戰爭的悲劇結果也是人類的咎由自取！羅門看清了這點，他筆下的詩就宛如一把利刃，以某種角度對戰爭做了最好的批判解剖。如果，這一點讀者無法感受的話，要了解羅門戰爭中所要呈現的意圖，就沒法更深入去探視了。

在所謂的麥堅利堡，雖然是「美麗的無音房／死者的花園」，但也是「活人的風景區」！羅門用「活人的風景區」字眼，也深具有諷刺的作用。人類——活人一向將「風景區」當成休憩遊樂的公共場所，但若是將一片非常壯觀也非常淒慘的戰區墳場，也當成「風景區」的話，也不過是反映活人的現實無知而已。同時，更隱含了對活人的譏嘲意味。人類，尤其是活人往往忽視了過去的戰爭是如何會發生的，它的意義何在，只顧享受眼前的歡樂和平，嚴重地忽略了以往的戰爭血淚苦難史。羅門除了在詩作上有特殊的表現外，對生命及世界必有深沉的見解。羅門是個注重精神意識活動的詩人，由詩作中反應了有機化的觀念，是可喜的現象，也給現代詩注入新生命新營養，有助於詩人自我的創造力發揮。

畢竟，羅門是個對現代新語言強調詩應富有新意的詩人，他的詩作充滿生機和檢視的特性，意象繁複卻又明朗，昔日詩壇所普遍存在的晦澀，不知所云等弊病非但在羅門詩作中看不到，並且羅門仍然堅持自己跨步自己的路，眞實誠摯而自成一格。

臺灣新聞報一九八五年八月十日與十二日連載

■陳　煌：（本名陳輝煌）詩人，並從事散文、小說與評論寫作，雜誌主編。

爬這座大山

——讀羅門的「週末旅途事件」

陳寧貴

一

藝術創作猶如爬一座大山，當然詩創作也不例外。

爬這座大山，由於創作者個人才情的不同，可能出現三種情況：第一種，一輩子都能往上爬，如畢卡索者。第二種，爬到半途左右，便望山興嘆，再也無力上去，最多祇能原地踏步而已。第三種，乘興而來，爬沒多久便敗興而返。

要考察「爬山者」屬於那一種，我們可從他的創作技巧、內容是否重複自我抄襲看出來，至於文字的運用組合是否精當，意象的掌握是否準確，一經仔細檢查便能知道他爬山的體能夠不夠。

這是很現實，很無奈何的事，幾乎每個詩創作者的才情都有極限，極限一至江郎才盡，任誰也幫不上忙，祇是每個詩人的才情極限各有不同罷了。以羅門為例，他的年齡將近六十，創作力依然旺盛，而且每年都有佳作出現，像去年的「麥當勞午餐時間」題材如此的新，內涵又挖掘得無比深刻，眞是令人驚訝之至！除了羅門之外，余光中、洛夫的創作力依然不減，作品益見老練，較之後生小輩的作品有過之無不及。他們的詩風，越寫越明朗，內蘊也越來越深刻（與早年作品的深奧晦澀有別）。最近在新生代詩人間流行的所謂「後現代主義」，標榜要「楊棄現代主義中封閉自我，孤立於社會的金字塔頂的文化貴族觀念」（淩雲夢「詭異的銀詭」中語）或許將爲國內詩壇帶來另一番風光景緻，然而應該提防像當年鄉土文學盛行之際，所帶來的弊病。無可否認的，當年的鄉土文學論戰令詩人們有所覺醒，紛紛揚棄晦澀夢囈式的詩風，詩因而明朗了（羅門、洛夫都做了這種轉變），可惜大部份作品墮入吶喊式的頹境中。如今「後現代主義」出現了，似乎有意糾正那些缺乏藝術撼動力的詩作，此風高漲，可能報紙每年刊登諾貝爾文學獎的作品有關，或許這正是詩壇的再度覺醒，詩——卻從明朗走回了晦澀。

事實上，詩的明朗或晦澀並不值得爭執，猶如「現代主義」與「後現代主義」到底何者高明？鄉土詩是否比前兩者有價值？等等問題都不值細究。

爲什麼？我們且看看羅門的新作「週末旅途事件」便知分曉。

二

「週末旅途事件」是首五十四行的詩，描寫羅門有個週末到火車站搭火車，看見車站「

身穿五顏六色的人羣／帶著都市與假期的心／擠滿在月台上」，然後激發了他一連串的回憶，其手法如電影「越南獵鹿人」，運用時空迅速移位交錯的方式，刻劃出個人與這個時代的變幻，羅門以現代電影小說的技巧來寫詩，令讀者閱讀這首詩，在生動的戲劇化的過程中引導下，很輕易便進入了羅門所描述的三十多年的時空中，「只是兩小時的車程／竟在記憶裏／走了三十多年」——由於這種時空的強烈對比，使得這首的蓄滿撼動力。本詩類似他以前的作品「火車牌手錶的幻影」，表現手法大同小異，唯「週末旅途事件」文字更明朗，情節更緊湊，他清除了許多不必要的支節，以他擅長長詩的創作來看，本詩要擴充成一二百行，對他來說並非難事。據我所知，他近年來對已寫好的詩，都施加嚴謹的檢查與割捨，使得作品更單純流暢，結構更自然緊密。當今詩壇仍有不少詩人，在作品的「割捨」上做得不夠徹底，往往死抱住作品裏的一二行「金句」沾沾自喜，至於是否必要，甚或妨礙了詩的轉化，卻不予考慮，這猶如在高速公路建造一座漂亮的牌樓，妨礙交通不管，祇管牌樓是否好看，這是種本末倒置，走火入魔的「迷思」和「迷詩」。

本詩在時空的移位上，的確是一大特色，例如：「一行披著鬱綠色草原的軍人／帶著槍支與戒備的心／走著軍步來／把孩童與成人驚異的目光／分開成一條河道／流來我三十多年／不見的長江」——沒有一句晦澀，卻有強大的詩感逼人而來，尤其後面兩行眞是神來之筆，猶有兩行熱淚。

又如「進站的汽笛聲／拉著警報來／響來戰爭的年月／一陣慌亂／大家都往防空洞裏逃

／坐定下來／竟是觀光號車廂」——短短幾行便清晰地描繪出過去的情景和現在情境的差異，幾乎毫不著痕跡交溶在一起，令讀者爲之一愕，這與羅門認爲詩能以最快的速度，最短的距離，進入生命與一切存在的眞位和核心，而接近完美與永恆的詩觀一致。像「在西式雙人座椅上／誰會把朱唇／看成染血的彈片」其聯想與對比是夠驚心的了，它對讀者的心靈產生奇襲的效果，在後面也有這樣的描寫「什錦火鍋上來時／世界還會在戰火上嗎？」也是令人深思的。這與洛夫在「羊年十二行」中所傳遞的訊息：「卡特吃不完羊肉／這不是問題／問題乃在／北平東來順的火鍋中／正在燉的究竟是／誰的肉？」同樣驚人，値得注意的是，他們的文字都很淺白，詩意卻非比尋常的濃郁。

「週末旅途事件」除了運用時空對比外，也藉助人物的對比，讓詩意更加衍生擴展：

只是鄰座嬰兒醒來的
　一陣哭
那位老鄉額上的紋路
已被一排槍炮聲
叫入萬徑人蹤滅

我們輕易的發現，羅門的詩藝非但未見停滯，反而頗有進展，不管是文字的運用，或是意象的塑造，都極準確明晰；我們再看看羅門如何巧妙的收尾：

路好累
世界好睏
關上眼門睡一會
只留下那道門縫
　陪著38度線
　　天地線
一同去望鄉

讀這段詩，不禁令人想起李白的詩句：「三山半落青天外，二水中分白鷺洲。總爲浮雲能蔽日，長安不見使人愁。」眞教人感慨萬千。

三

「週末旅途事件」這首詩，到底要如何歸類呢？是「現代主義」？還是「後現代主義」是「鄉土詩」還是「政治詩」？是無我之境的客觀寫法？還是有我之境的主觀寫法？是爲人生而藝術？還是爲藝術而藝術？

誰能歸類它呢？即使勉強歸類必然引來一陣無謂的爭執，而且意義何在？

事實上，大藝術家、大詩人必有「盪胸生層雲，決眦入歸鳥。會當淩絕頂，一覽衆山小」（杜甫「望嶽」）的氣魄與胸襟。

因此世上任何藝術上的主義流派，不過是圍繞在大師周遭的小山丘，他站立在絕頂上看它們，眞是一目了然。

問題是，一些多事之徒，卻喜歡發明主義流派，彷如神話故事中的「捆仙繩」般，將藝術家或詩人縛住。

而大藝術家、大詩人豈肯束手就縛？其實也不會有人縛得住他們的，因爲他們已經到達「無法爲天下法」的隨心所欲的境界。

因此在我單純的概念裏，詩祇有兩種：「好詩」和「壞詩」：至於好壞如何區分，在於作品是否眞誠無僞，扣人心弦。「週末旅途事件」所以感人，就因爲它有這種特質，最近詩壇有了新的蛻變，新一代詩人的「後現代主義」詩風廣受各方矚目與議論，不少人予以掌聲，當然亦不時聞到一些噓聲，他們認爲現代詩好不容易逃避了晦澀的夢魘，現在何必又走回去。

新一代詩人中較傑出者如陳克華和林耀德，他們的詩作詭異離奇，散發出特殊的魅，然而仔細推敲，也會發現他們對詩語言不合理的揑造與扭曲，不錯，詩要推陳出新，但不要故弄玄虛，考察他們的作品難免發現有故弄玄虛的成份（有人或許會辯稱這是「新的實驗」），以林燿德「大汗的塚」一詩爲例：「我心腹的『把阿禿兒』們啊／你們是我的手足／護守我神賜的／黃金的軀體／你們是我的吉慶／烘托我神賜的／水晶的思考」，他以「黃金的軀體」形容其尊貴，以「水晶的思考」形容其精明睿智，實非妥當。再看「下班以後」一詩：「下班以後，夜浮盪在男人的指甲上」，「指甲」到底所指爲何？「憂鬱在流轉的燃火間拉開一道無法縫合的傷口」，「憂鬱」如何「拉開」傷口？「充滿肉體與腳印的地下舞廳」到底所指爲何？眞是令人感到納悶，它之所以令人難以理解，問題出在設喻失當，造成意象模糊，這如電視畫面和攝影照片的模糊不清，來自焦距失誤。以上所舉的例子還算好的。更怪異的就不用說，這到底是現代詩的「轉機」還是「危機」呢？詩人自顧「表現」，卻忘了基本上明晰的意象「表達」，這是詩人與讀者雙方的損失，令人遺憾之至。

羅門「週末旅途事件」之所以值得一談，因爲它對詩壇的蛻變頗有啓發作用。早期羅門也寫過不少晦澀的詩，像「第九日的底流」等。如今他不時創作深入淺出的詩，讀來更是滋味雋永，他三十多年來的創作歷程，很值得我們探索和借鏡，以免現代詩面臨新的突破之際，步入歧途。

臺灣新聞報一九八六年九月十七日

■陳寧貴：詩人、並寫散文、小說與詩評，現任殿堂出版社總編輯。

「戰爭詩的巨擘」

陝曉明

因爲服膺「詩人與藝術家創造了第三自然」，羅門的詩筆觸入的是人內心世界的最深處。他的作品所表現的一系列主題：時空與永恆、戰爭與死亡、都市文明與性、自我的存在、大自然等，都圍繞著一個中心：人的存在。「人的存在」可說是羅門詩中永遠不變的母題。戰爭所表現的是透過戰爭的殘酷硝煙而出現的人的存在；都市詩是通過對都市文明的透視所表現出的人的存在；時空、永恆、死亡、自我的存在等很明顯也是以人的存在爲中心的多向性展示；而對大自然的觀照同樣是以「人」的感知爲立足點的。羅門自言：「從我第一首詩《加力布露斯》開始，三十年來，我是一直在現實或超現實的內心世界中，透過詩以目視與靈視探索與追蹤著人的生命，並且一再強調的說著；『凡是離開人的一切，它若不是死亡，便是尚未誕生』」。

整體的看來，羅門詩作最突出的表現主要集中於「戰爭」與「都市」兩大主題上，其它各方面都可以看作是這二者的多向性輻射。

羅門曾是空軍，然而是沒有經歷過戰爭的空軍，而且他開始詩歌創作時早已不是一個軍人了，而以「戰爭」爲主題的詩卻是羅門整個詩創作的一個重要部分。青少年時代在戰爭環境中的流離生活當然是不應忽視的潛在觸媒，而更主要的則是羅門認爲通過戰爭能更清晰地透視人的存在。他說：「戰爭是人類生命與文化數千年來所面對的一個含有偉大悲劇性的主題。在戰爭中，人類往往以一隻手握住『偉大』與『神聖』，以一隻手去握住滿掌的血」，「透過人類高度的智慧與深入的良知，我們確實感知到戰爭已是構成人類生存困境中，較重大的一個困境，因爲它處在『血』與『偉大』的對視中，他的副產品是冷漠且恐怖的死亡。」從羅門的創作來看，戰爭正是羅門透視人類存在的一個極佳的觀照點，他用他強烈的人道主義情懷以及悲憫的心態來審視戰爭，戰爭有其偉大與神聖在，而更主要的則是一個悲劇，一個人類永遠無法逃避的悲劇。羅門的戰爭詩很少直面戰爭本身，也不只偏於本土戰爭的一隅，而多是透過戰爭所造出的歷史遺跡，或戰爭所造成的疏離孤苦的心理陰影等來反映人的存在的。

《麥堅利堡》是羅門第一首以戰爭爲主題的詩，也是羅門戰爭題材乃至整個詩歌的代表作之一。它創作於一九六一年，一九六七年被國際詩人協會譽爲近代偉大之作，榮獲該會榮譽獎及菲總統金牌獎。麥堅利堡位於菲律賓馬尼拉城郊，爲紀念第二次世界大戰期間陣亡的七萬名美軍士兵，在這裡建立了七萬座大理石的十字架，場景肅穆而悲壯。羅門赴菲訪問，往遊此地，靈魂深深顫冽，詩思噴射而出：

戰爭坐在此哭誰

它的哭聲，曾使七萬個靈魂陷落在比睡眠還深的地帶
太陽已冷　星月已冷　太平洋的浪被炮火煮開也都冷了
史密斯　威廉斯　煙花節光榮伸不出手來接你們回家
你們的名字運回故鄉　比入冬的海水還要冷
在死亡的喧噪裡　你們的無救　上帝的手呢
血已把偉大的紀念沖洗了出來
戰爭都哭了　偉大它為什麼不笑
七萬朵十字花　圍成圓　排成林　繞成百合的村
在風中不動　在雨裡也不動
沉默給馬尼拉海灣看　蒼白給遊客們的照相機看
史密斯　威廉斯　在死亡紊亂的鏡面上
　　我只想知道
　那裡是你們童幼時眼睛常去玩的地方
　　那地方藏有春日的錄音帶
　　　與彩色的幻燈片
麥堅利堡　鳥都不叫了　樹葉也怕動

凡是聲音都會使這裡的靜默受擊出血
空間與空間絕緣　時間逃離鐘錶
這裡比灰暗的天地線還少説話　永恆無聲
美麗的無音房　死者的花園　活人的風景區
神來過　敬仰來過　汽車與都市也都來過
而史密斯　威廉斯　你們是不來也不去了
靜止如取下擺心的錶面　看不清歲月的臉
在日光的夜裡　星滅的晚上
你們的盲睛不分季節地睡著
睡醒了一個死不透的世界
睡熟了麥堅利堡綠得格外憂鬱的草場

死神將聖品擠滿在嘶喊的大理石上
給升滿的星條旗看　給不朽看　給雲看
麥堅利堡是浪花已塑成碑林的陸上太平洋
一幅悲天泣地的大浮雕　掛入死亡最黑的背景
七萬個故事焚毀於白色不安的顫慄

史密斯　威廉斯　當落日燒紅滿野芒果林
　　　　　　　　　　　　　　　於昏暮
神都將急急離去　星也落盡
你們是那裡也不去了
太平洋陰森的海底是沒有門的

此詩有一副題：「超過偉大的，是人類對偉大已感到茫然」，已多少透露出作品的主旨。戰爭是偉大的，然而對於「靈魂陷在比歲月還深的地帶」的史密斯、威廉斯們，一切已經毫無意義，他們彩色的童年、彩色的故事都被永遠埋住了，被運回故鄉的只是他們冰冷的名字，在馬尼拉灣的綠草坪上，除了作爲被憑弔的風景，還有什麼？全詩悲壯蒼勁，而不斷的長句使這種悲涼的氣氛顯得格外沉鬱，可以說，它和七萬座十字架一樣成了一幅「悲天泣地的大浮雕」。這裡，羅門不去歌頌戰爭的偉大，戰士的英勇，而以一己的悲憫心境哀憐死難的烈士，卻更能激動人心。因爲他直面了「人」在戰爭中的悲劇性存在，而獲得了少有的思想深度。同題的詩，臺灣不少名詩人都寫過，但無一有超過羅門者。

《板門店．三八度線》是另一首巨構。板門店與三八度線是朝鮮戰爭留下的使一個國家分裂成兩半的歷史性存在。在詩人的筆下，三八度線像「一把刀，從鳥的兩翅之間通過，天空裂爲兩半」，而這把刀是「堵住傷口的一把刀」，「拔掉　血往外面流／不拔掉　血在裡面流」。但受難的卻是人的生命，於是詩人悲吟：「誰會去想鐵絲網是血管編的／編與拆都要拉斷血管／誰會去想在炸彈開花的花園裡／嬰孩是飛翔的蝴蝶／修女是開的最白的百合／上帝就一直抓不住那隻採摘與捕捉的手。」詩人以顫抖的聲音唱出了人生在戰爭中的淒涼無助！

描寫戰爭所造成的人的悲劇，小詩《彈片．TRON的斷腿》引人注目。詩人在雜誌上看到一張在越戰中被彈片斷去一條腿的小女孩的圖片，有感而作：

一張飛來的明信片
叫十二歲的TRON沿著高入雲的石級走
而神父步紅毯
子彈跑直線

如果那是滑過湖面的一片雲
　也會把TRON的臉滑出一種笑來
如果那是從綠野裡飛來的一隻翅膀
　也正好飛入TRON鳥般的年齡

而當鞦韆升起時　一邊繩子斷了
整座藍天斜入太陽的背面
旋轉不成溜冰場與芭蕾舞台的遠方
便唱盤般磨在那枝斷針下

全詩最引人注目的是其表現手法，一件悲哀的事，詩人卻出以明麗的字，將彈片比作「一張飛來的明信片」、「滑過湖面的一片雲」、「從綠野飛來的一隻翅膀」，而用「紅毯」、「笑」、「鳥般的年齡」等輕快的字眼形容，與女孩自身悲慘的際遇形成鮮明的比照，以樂景寫哀，其哀更甚。

經歷過戰爭的人總是無法忘懷戰爭，戰爭的陰影永恆地潛藏於心底，成爲拂不去的痛苦記憶。因戰爭而流離漂泊的人也往往有被戰爭和時間不斷擴大的鄉愁，而不斷地引起對故鄉思念的酸楚。羅門的不少詩，如《火車牌手錶的幻影》、《遙望故鄉》、《遙指大陸》、《歲月的琴聲》、《週末遊途事件》、《茶意》、《賣花盆的老人》、《漂水花》以及近期完成的巨型作品《時空奏鳴曲》都很好地從各方面表現了這一主題。

《火車牌手錶的幻影》與《週末旅途事件》有些近似。前者因坐在火車看錶，想起三十年前戴過的「火車牌」手錶，而引發出對戰爭對鄉土對親人的憶念，進而感慨：「所有的車輪，都是離家的腳，所有的車窗，都是離家的眼睛，所有的錶面，都是離家的臉」。《週末旅途事件》也是因週末旅遊，乘車所引出的想像。進站的汽笛幻成戰爭年代的警報，人群向車廂擁擠又憶成戰爭年代的奔入防空洞，染了口紅的嘴唇似帶血的彈片，車輪聲聲又似行軍與逃亡的腳步陣陣，打開香檳酒想起淚眼，端上什錦火鍋又憶成戰火。於是乎：「往事把車窗，磨成一片朦朧，一切好近，又好遠，只是兩小時的車程，竟在記憶裡，走了三十多年。」到處是戰爭的幻影，到處是擴大了的鄉愁。

品茶之際，「煙從嘴裡抽出一把劍／無意中刺傷了遠方／一聲驚叫／沉在杯底的茶葉全都醒成彈片／如果那是片片花開，春該回／家園也該在／而沉下去的那一片／竟是滴血的秋海棠／在夢裡也要帶著河回去」（《茶意》）。於是，茶便成爲離鄉愁最近之物。聽琴，恍忽「每一拉／都可看到土地與同胞身上／劃過的刀痕／每一頓挫／都是千慨萬嘆／快弓　急來兵荒馬亂／慢弓痛苦都感到累了」（《聽琴》）。而童貞似地漂著水花，就看到：「六歲的童年／跳著水花來／找到我們／不停地說／石片是鳥翅／不是彈片／要把海與我們，都飛起來／一路飛回去」（《漂水花》）。面對大海，感覺的是：「炮聲吵了一陣以後／又睡去／海卻一直醒著／一個浪對著一個浪說過去／一個浪對著一個浪說過來／說了三十年只說一個字／家」（《遙望故鄉》）。家在哪裡？家在望中，在遙指裡：

　　他指的
是炮彈走過的路

血淚走過的路
他指的
是千里的遙望
孩子看不懂的鄉愁
順著他指的方向
直對著他看的
是他三十多年前的自己
青山般地站在那裡
淚滿了雙目
海哭成三個
家遠出望外
而孫子卻説
那地方好近
把岸拉過來
一腳踩過去
不就是老家嗎

爺爺淚眼的沉重與孫兒無所謂的輕鬆相較，使鄉愁濃烈得讓人震顫。

《時空奏鳴曲》是近期巨構。臺灣爾雅版年度詩選編者認爲它是臺灣詩壇一九八四年「歲末的一聲巨響」。比較起前此羅門對時空思考的詩，這一首更顯得悲壯，更能夠把詩人羅門三十年來的動狀呈現出來。確實，這首詩用語平淡自然，卻內蘊著無限的思想深度。然而，它卻不僅僅是對時空思考的詩，更主要的是通過戰爭道出裂痕的歷史性反思，咏嘆鄉愁的詩。其中時空的有機轉換雖然頗讓人玩味，但所描摹出的難以解開的鄉愁情結更讓人思索，就其顯現的思想主旨而論，稱得上深厚宏大。

全詩共二百多行，分爲三章。首章「只能跳兩跳的三級跳」爲全詩的發端。開章之句氣勢磅礴：「整個世界／停止呼吸／在起跑線上。」由此描寫遙望廣九鐵路的情景，並進而進行巧妙的時空轉接：火車竄入邊境將他的眼睛拉回臺北市。第二章鏡頭便對準臺北市，題爲：「望了三十年」。通過一位飽經戰亂的寂寞孤苦的老人的眼，回溯歷史，面對現實，將三十年來現實中國的命運作了一個具體而深微的剖析。這一章可說是羅門前此創作過的《賣花盆的老人》的變奏。卻有著更深的內涵。這裡，戰爭的陰影和銘心刻骨的鄉愁聯在一起，歷史和現實交織在一起。老人眼中，玻璃大廈沿街開著的是「一排排亮麗的鄉愁」，而現實生活的每一細節，又總在他眼中變幻成童年與戰爭的記憶，所以他「見到羅馬磁磚／便問石板路

／見到香吉士／便問井水／見到新上市的時裝／便問母親在風雨中／老去的臉」，而到了天黑，便在浴盆裡憶起兒時的小池塘，在由電視機裡尋找家鄉的星空。最後老人抱著單人床和越來越少的歲月睡去：

睡到有一天醒不來
太陽仍會起來
至於槍聲還會不會響
安全理事會還要不要開
到時候報紙會說
只要地球還在
鐵絲網還在
白晝與黑夜還在
白色的乳粉與黑色的彈藥
　　　　都會在

作者強烈的反戰情緒溢於言表。

第三章爲「穿過上帝瞳孔的一條線」。由廣九鐵路這一「線」聯想到三八線，柏林牆，對於分裂造出的悲劇，詩人的悲涼無助與滿腔的希望激噴出下面的詩句：「只要眼睛／碰它一下／天空都要回家／這條線望入水平線時／連上帝也會想家」「是誰丟這條線／在地上／沿著它／母親／你握縫衣針的手呢／還有我斷落在風箏裡的童年」，「母親，如果這條線／已縫好土地的傷口／我早坐上剛開出的那班車／沿著你額上痛苦的紋路／回到沒有槍聲的日子／去看你。」一路的直抒胸臆，激情滿紙，直到開來邊境的火車，「又把一車廂一車廂的鄉愁　運回來」。詩人悲不能禁，悵然若失。

全詩融宏觀與微觀於一體，將戰爭以及戰爭與時空交互影響而日益擴大的鄉愁表現得濃烈動人，語言明朗而深遠，節奏、氣勢俱臻上乘，誠爲不可多得的傑作。

（本文撰用陝曉明在臺北文史哲出版社出版「羅門·蓉子文學世界學術研討會」論文集中寫的有關評論羅門戰爭詩主題的部份）

■陝曉明：作家，從事文學理論批評，中山大學臺港文學研究所。